REGARD SUR LE JAPON
ILLUSTRE

© 1994 par Japan Travel Bureau, Inc.
7F, Shibuya-Nomura Bldg., 1-10-8,
Dogenzaka, Shibuya-ku, Tokyo 150, Japan

Tous droits réservés.

Aucune partie de ce livre ne peut être reproduite sous quelque forme que ce soit sans la permission écrite de l'éditeur, sauf par un critique pouvant en citer ou en reproduire quelques courts extraits ou illustrations.

1ère édition .... Oct. 1985
7e édition .... Février 1994

Imprimé au Japon

Comment utiliser ce livre

1) Composition

   Ce livre se compose de quatre sections principales intitulées "Culture Traditionnelle", "Vie et Coutumes", "Cuisine" et "Voyage", que l'on peut lire à son gré dans l'ordre désiré. Un tableau chronologique ainsi qu'un complément d'informations se trouvent également à la fin du livre.

2) Typographie

   Tous les termes japonais utilisés dans ce livre ont été transcrits suivant le système de Romanisation Hepburn. En règle générale, ils apparaissent en italiques dans le texte. (Sauf dans le cas d'en-têtes, titres et caractères gras.)
   Les voyelles d'autre part portent un tiret, lorsqu'elles sont longues (ex. Shintō).

Chers Lecteurs,

Les visiteurs au Japon expriment souvent leur déception de trouver un pays si "occidentalisé". Nombreux sont ceux en effet, qui pensent que son remarquable succès économique s'est aussi traduit par une perte du patrimoine culturel.

Il est certain que cette modernisation a entraîné avec elle des changements profonds et radicaux affectant le pays comme le peuple. Une connaissance plus approfondie toutefois révèle que sous le vernis industriel, occidentalisé, presque tous les aspects de la vie japonaise restent solidement ancrés dans la tradition. La plupart des arts traditionnels sont toujours assidûment pratiqués, des coutumes millénaires jouent encore, aujourd'hui comme hier, un rôle important dans la société et le monde des affaires, et toutes sortes de "japonaiseries", des plus ordinaires aux plus sublimes, font partie intégrante de la vie de tous les jours.

Ce livre a été conçu pour permettre au lecteur de se familiariser avec le concept de base de nombreux arts, coutumes et modes de vie japonaise. Abondamment illustré, il élimine tout besoin de longues explications et aidera le lecteur à apprendre et se souvenir aisément, nous l'espérons, des termes utilisés dans les différentes sections. Un complément d'informations sur certaines rubriques est également donné à la fin du livre.

Nous sommes convaincus que ce "REGARD SUR LE JAPON" vous aidera à mieux apprécier et comprendre le vrai Japon, et à faciliter vos échanges pendant votre séjour.

TABLE DES MATIERES

Culture Traditionnelle ─────── 伝統・文化

Architecture	日本建築	8
Jardin	庭園	14
Château Fort	城	17
Temple Shintō	神社	20
Temple Bouddhique	寺院	24
Cérémonie du Thé	茶の湯	30
Jizō & Dōsojin	地蔵・道祖神	33
Art Floral	生け花	34
Bonsaï	盆栽	36
Poterie	焼きもの	38
Laque	漆器	40

伝統・文化

Calligraphie & Sumié	書画	42
Objets Folkloriques et Bibelots	道具・骨董品	44
Ukiyo-é	浮世絵	48
Poupées	人形	52
Instruments de Musique	楽器	54
Costumes Traditionnels	着物・帯	56
Chaussures	履物	59
Armoiries	紋	60
Couleurs et Motifs	色と柄	62
Danse Classique	舞踊	64
Tanka & Haïku	短歌・俳句	65
Zen & Zazen	禅・座禅	66
Kabuki	歌舞伎	68
Noh & Kyōgen	能・狂言	72
Bunraku	文楽	75
Théâtre de Variétés	寄席	78

Vie & Coutumes	生活・習慣	
Jour de l'An & Autres Fêtes Fixes	正月・年中行事	80
Fêtes Folkloriques	祭り	90
Noren	のれん	93
Jour et Marché de Fête	縁日・市	94
Danse Folklorique	盆踊り	96
Jūni-shi	十二支	98
Shichifuku-jin	七福神	100
Talismans, Porte-Bonheur	縁起物	102
Animaux Fabuleux	民話の動物	104
Bonne Aventure	占い	106
Bains Publics	銭湯	108
Salutations & Mimiques	挨拶・ジェスチャー	110
Cérémonie de Mariage	結婚式	112
Jan-ken	じゃんけん	115
Etudiants	学生	116
Salaryman	サラリーマン	118
Sceau Personnel	はんこ	120
Agent & Poste de Police	巡査・交番	121
Ō-zumō	大相撲	122
Arts Martiaux	武道	126
Jeux d'Enfants	子供の遊び	130
Jeux de Cartes	かるた・百人一首	132
Pachinko	パチンコ	134
Mahjong	麻雀	135
Shōgi	将棋	136
Igo	囲碁	137
Caractères Japonais	日本文字	138

Cuisine — 食

Riz, Miso & Sauce de Soja	米・味噌・しょう油	140
Poisson Cru	刺身	142
Sushi	寿司	143
Tempura	天ぷら	145
Sukiyaki & Shabu-Shabu	すき焼・しゃぶしゃぶ	146
Robata-yaki	炉端焼	147
Pâtes (Soba & Udon)	そば・うどん・ラーメン	148
Anguilles & Loches Grillées	うなぎ・どじょう	150
Yakitori	焼き鳥	152
Oden	おでん	153
Kaiseki-Ryōri	会席料理	154
Saké	酒	156
Pâtisserie	和菓子	157
Baguettes & Couverts	箸・和食器	158

Voyage — 旅

Auberge Japonaise	日本旅館	160
Station Thermale	温泉	166
Eki-ben	駅弁	168
Shinkansen	新幹線	170
Panneaux Indicateurs	街の案内板	173

Supplément — 付録

Tableau Chronologique	歴史年表	174
Informations Complémentaires	補足説明	176

日本建築 Architecture

L'architecture traditionnelle japonaise se caractérise tout particulièrement par l'ouverture de la maison sur la nature. Les matériaux utilisés sont surtout le bois, la terre et le papier. La construction s'étend sur les côtés plutôt que vers le haut.

■ **Maisons Traditionnelles**

Maison dite *Tateana-shiki*, ou du type à fosse (Epoque *Yayoi*)

Maison dite *Takayuka-shiki*, servant surtout d'entrepôt.

Toit de chaume

Doma, ou pièce avec un sol de terre

Ferme

Toit de tuiles

Mur de plâtre

Maison de Commerçant

Ce type de ferme est resté le même jusqu'à nos jours

Forte pente de comble pour prévenir toute accumulation de neige sur le toit

Ce style peut être vu à Takayama (Préfecture de Gifu)

Style Gasshō-zukuri

Architecture

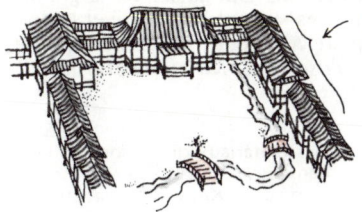

Couloir entourant le jardin central

Shinden-zukuri

Maison d'un noble de l'époque *Heian*

* Shoin-zukuri

Maison d'un personnage officiel (noble ou *samuraï*) après la Période *Shinden-zukuri*.

■ **Habitation Moderne**

Du fait d'une population toujours croissante dans les grandes villes, le prix du terrain s'est très vite élevé et les maisons typiques japonaises avec jardin ne sont plus abordables pour le Japonais moyen. On voit ainsi apparaître de plus en plus d'immeubles résidentiels et de duplex.

Espaces très étroits seulement entre les maisons.

Maisons préfabriquées. Les logements de série sont devenus monnaie courante.

Un *Danchi* ou cité dortoire

---

* Pour l'intérieur d'une *Shoin-zukuri*, voir pages **162**.

Architecture

Une des caractéristiques des maisons japonaises est la grande diversité des styles de toits utilisés suivant la localité et la profession du propriétaire. On peut cependant les classer suivant trois styles différents appelés *Yosemuné*, *Kirizuma* et *Irimoya*.

Noms des composantes du toits

Des matériaux divers sont utilisés dans la construction des toits, comme le *Kaya* (une variété de roseau), la paille de blé, le bambou, les tuiles, les pierres, le fer galvanisé et l'aluminium.

Types de toits

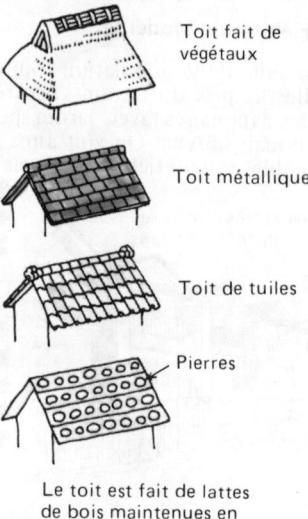

Toit fait de végétaux

Toit métallique

Toit de tuiles

Pierres

Le toit est fait de lattes de bois maintenues en place par des pierres.

Styles de toits

Irimoya

Kirizuma

Hōgyō

Yosemuné

Architecture

Types de tuiles

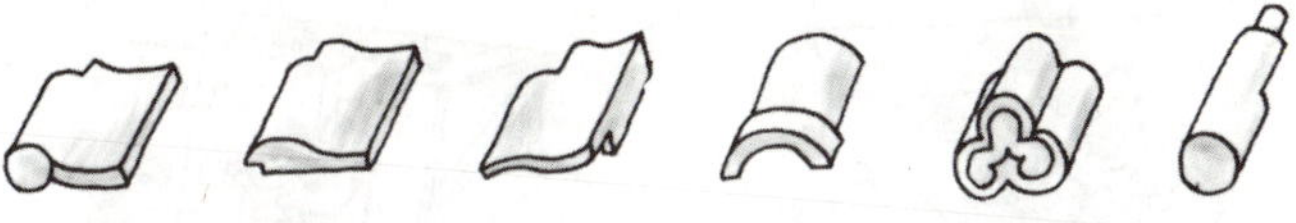

Karakusa-gawara · Ichimonji-karakusa-gawara · Sodé-gawara · Maru-gawara · Oni-gawara · Tomoë-gawara

Les villes japonaises tendent maintenant à ressembler de plus en plus à celles d'Europe du fait du nombre croissant des bâtiments préfabriqués ou en béton armé. Toutefois, le type de construction le mieux adapté au climat japonais et aux conditions naturelles reste sans doute encore la maison de bois traditionnelle, dont l'esthétique est souvent supérieure.

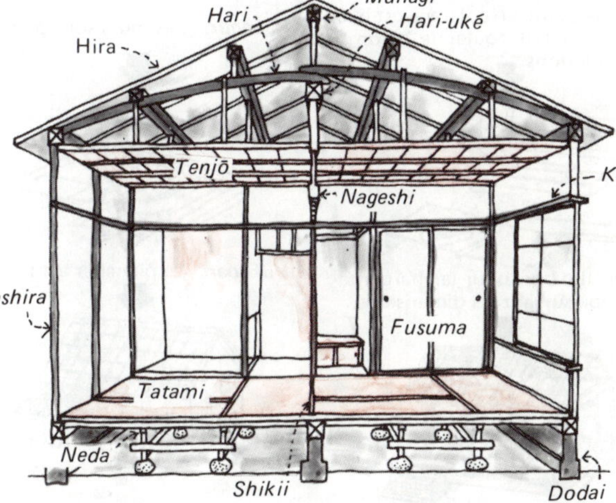

Construction d'une petite maison de bois de style traditionnel.

Architecture

Comment construire une maison de bois

Jinawabari: Les cordeaux sont tendus sur le terrain pour marquer l'emplacement de la maison.

Yanefuki: Les tuiles sont posées sur le toit.

Concrete-uchi: Le coffrage est exécuté et on fait couler le béton pour les fondations.

Kabenuri: Les murs sont plâtrés.

Kizami: Le bois pour la charpente est coupé suivant les dimensions.

Yukabari: Le plancher est posé.

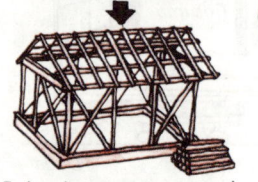

Jōtō: La charpente est montée sur les fondations.

Shiagé: La maison est terminée.

Architecture

Le plan d'un deux-pièces cuisine est illustré ci-dessous (composé de deux salles de séjour, servant aussi de chambres à coucher, une salle à manger et une cuisine, ces deux dernières se réduisant souvent à une seule et même pièce). Ce type d'appartement est généralement destiné à une famille de trois: le père, la mère et un enfant.

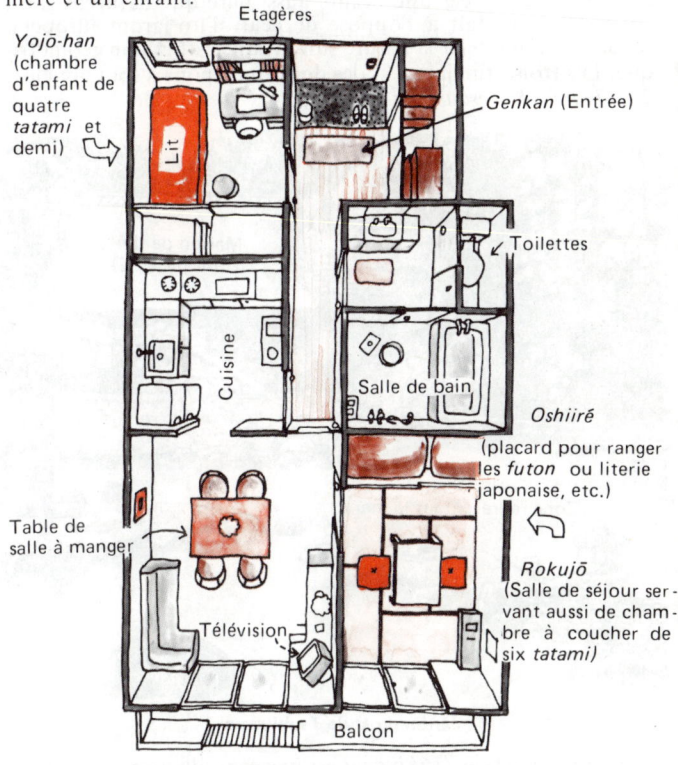

Plan d'un appartement modèle en ville.

庭園　　Jardin

Le jardin japonais a pour vocation de reproduire fidèlement la nature et de recréer une beauté aussi pure que naturelle. Son style est de ce fait à l'opposé de celui d'un jardin européen tendant à remodeler la nature suivant une esthétique géométrique. Les trois principaux styles de jardin japonais sont appelés: *Tsukiyama*, *Karesansui* et *Chaniwa*.

Jardin du style Tsukiyama

Un jardin du style *Tsukiyama* est une reproduction miniature de la nature, avec ses collines, lacs et rivières.

Jardin

Le style *Karesansui* a pris son essor pendant l'époque *Muromachi*, traduisant le spiritualisme *Zen* (Voir p. 66). Le sable et le gravier sont ici utilisés pour représenter les fleuves et la mer. Ce style de jardin se caractérise à la fois par sa force et sa simplicité.

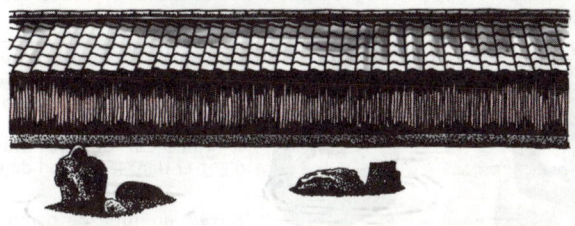

L'écoulement de l'eau est représenté par du sable blanc.

Jardin du style Karesansui (Le jardin de pierres Ryōanji à Kyōto)

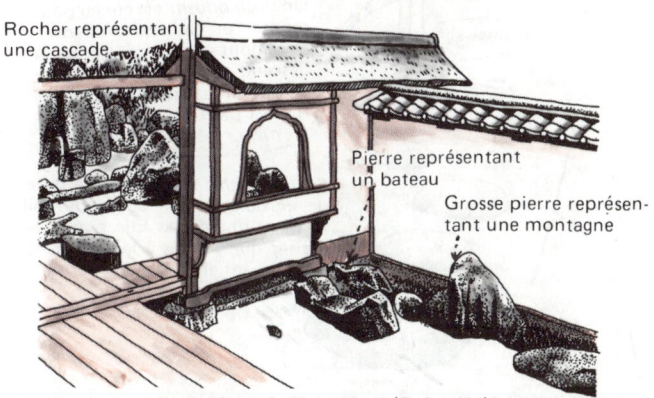

Rocher représentant une cascade

Pierre représentant un bateau

Grosse pierre représentant une montagne

Jardin du style Karesansui (Daisen-in)

Jardin

Le *Chaniwa* est le jardin adjacent à la maison de cérémonie du thé. Ce style de jardin se veut avant tout sobre et dépouillé, pour produire un naturel d'une simplicité extrême. Les principales caractéristiques de ce type de jardin sont illustrées ci-dessous:

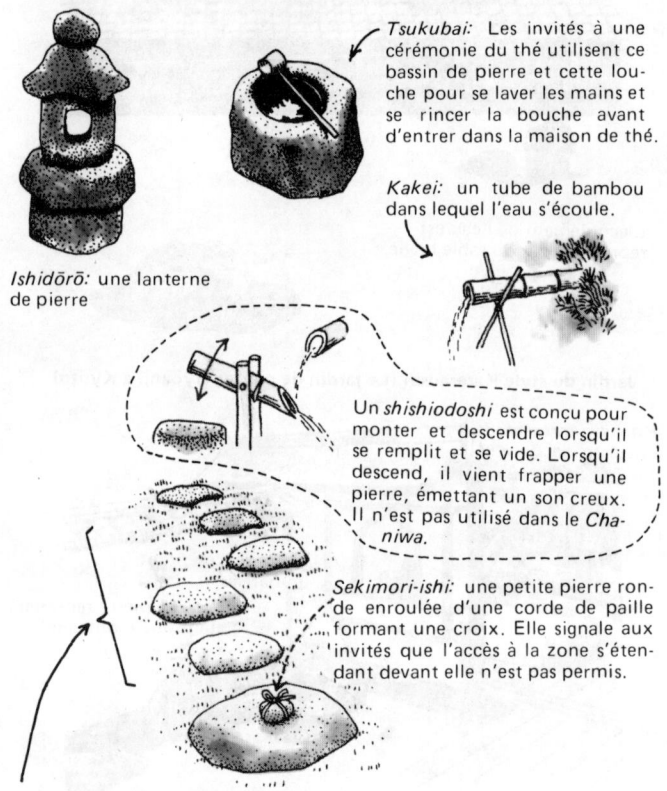

Tsukubai: Les invités à une cérémonie du thé utilisent ce bassin de pierre et cette louche pour se laver les mains et se rincer la bouche avant d'entrer dans la maison de thé.

Kakei: un tube de bambou dans lequel l'eau s'écoule.

Ishidōrō: une lanterne de pierre

Un *shishiodoshi* est conçu pour monter et descendre lorsqu'il se remplit et se vide. Lorsqu'il descend, il vient frapper une pierre, émettant un son creux. Il n'est pas utilisé dans le *Chaniwa*.

Sekimori-ishi: une petite pierre ronde enroulée d'une corde de paille formant une croix. Elle signale aux invités que l'accès à la zone s'étendant devant elle n'est pas permis.

Tobi-ishi: pierres de gué

城 Château Fort

La grande période de construction des châteaux forts au Japon a surtout été la période *Sengoku* (Etats en guerre) du XVIe au XVIIe siècle. Bâtis pour empêcher toute intrusion de l'ennemi, leur construction était élaborée et solidement fortifiée. D'une architecture imposante, leur but était aussi de témoigner de la puissance du *jōshu* ou seigneur du lieu.

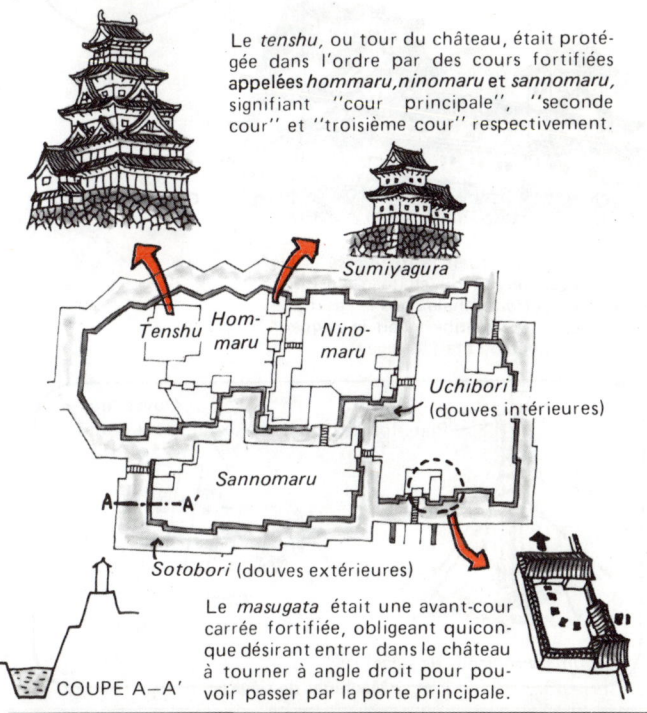

Le *tenshu*, ou tour du château, était protégée dans l'ordre par des cours fortifiées appelées *hommaru*, *ninomaru* et *sannomaru*, signifiant "cour principale", "seconde cour" et "troisième cour" respectivement.

Le *masugata* était une avant-cour carrée fortifiée, obligeant quiconque désirant entrer dans le château à tourner à angle droit pour pouvoir passer par la porte principale.

La crête du toit de la tour du château était toujours ornée de deux poissons dorés à tête de tigre et au corps de dauphin, appelés *shachihoko.* On leur attribuait le pouvoir de protéger contre l'incendie.

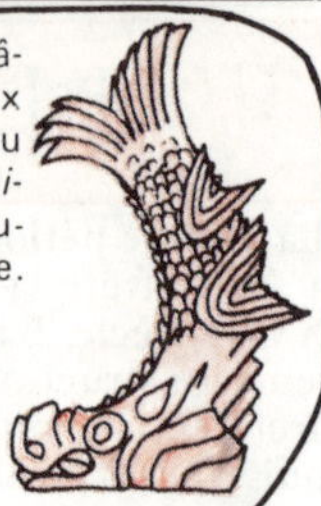

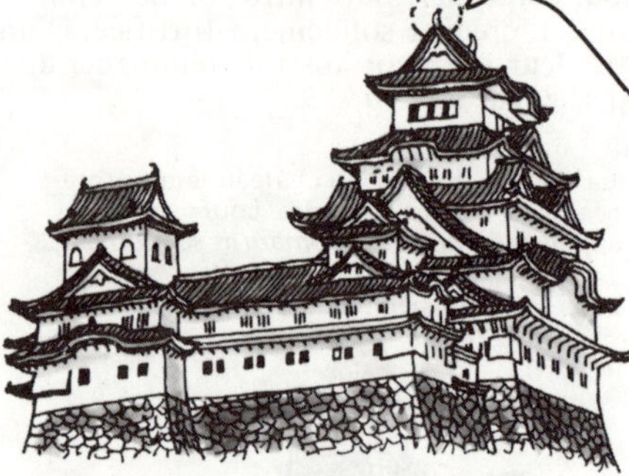

Château de *Himeji*

Le *tenshu* constituait la forteresse et les quartiers généraux du château ainsi que le lieu de retraite finale dans le cas d'une bataille. C'était là que vivait le seigneur lorsque le château était assiégé.

Mochizonaē
(ancêtre du tank)

Kurumaseirō (tour de siège)

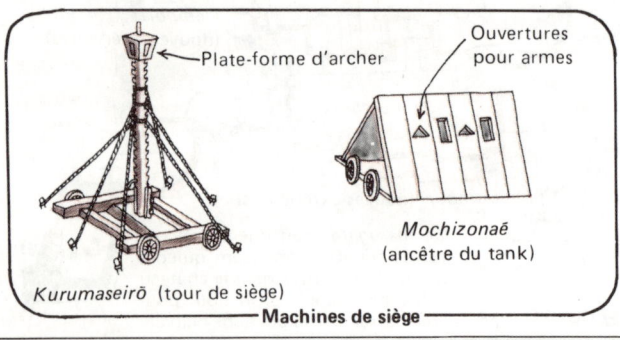

Machines de siège

Détails de construction d'un château fort

Jūgan, ou meurtrières. Divers dispositifs étaient employés pour défendre le château contre tout assaillant. La tour du château et les tours de garde étaient pourvues de meurtrières par lesquelles on tirait des coups de fusil *(jūgan)* ou des flèches *(yumihazama)*.

Meurtrières dans un mur. L'ouverture intérieure était agrandie pour faciliter l'observation de l'extérieur.

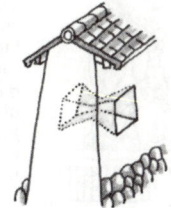

Ishiotoshi. Il s'agit d'une pièce spéciale construite en surplomb sur le mur du château. Son plancher s'ouvrait pour laisser tomber des pierres sur les têtes des assaillants tentant d'escalader le mur.

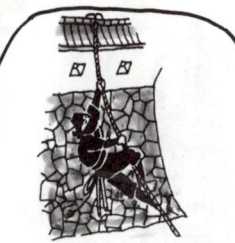

Comme expliqué ci-dessus, il était très difficile de s'emparer d'un château fort. Des hommes appelés *ninja*, étaient de ce fait spécialement entraînés pour passer inaperçus. L'illustration montre l'un d'eux essayant de s'introduire furtivement dans le château.

神社　Temple Shintō

Le *Jinja*, ou temple, est le lieu saint où les fidèles de la religion indigène du Japon, le *Shintō*, se rendent pour prier. Le *Shintō* trouve ses origines dans les peurs ancestrales que l'on avait des démons et pouvoirs surnaturels et le culte qui leur était rendu. Bien qu'il n'existe aucun crédo écrit, le *Shintō* est la religion principale de l'archipel et est largement célébré par diverses cérémonies et fêtes.

Komainu: Il s'agit des chiens de pierre se faisant face à l'entrée des temples, gardant les lieux. L'un d'eux a toujours la gueule ouverte et est appelé *A*, tandis que l'autre a la gueule fermée et est appelé *Un*.

Torii du style *Inari*

Le symbole d'un temple est sa porte appelée *torii*. Elle représente la division entre le monde terrestre et le monde divin.

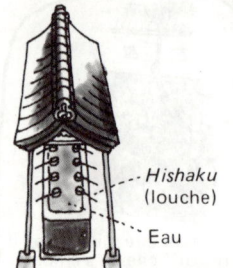

– *Hishaku* (louche)
– Eau

Chōzuya. Il s'agit d'un petit pavillon près de l'édifice principal avec de l'eau et des louches. Les fidèles viennent ici se laver les mains et se rincer la bouche avant d'entrer dans le sanctuaire pour prier.

Le sanctuaire principal d'un temple (*Tōshōgū*).

Temple Shintō

■ Architecture du temple

Le sanctuaire principal d'un temple est appelé *Shinden* ou *Honden*. Il existe aussi des pavillons annexes comme le *Haiden*, ou salle extérieure, et le *Hōmotsuden*, ou trésor. Leur disposition ne suit aucune règle spécifique.

Principaux styles de honden

Shinmei-zukuri:
Isé Jingū (Préfecture de Mié)

Labels: Katsuogi, Chigi, Iraka-ōi, Munamochi-bashira, Kiza-hashi

Sumiyoshi-zukuri:
Sumiyoshi Taisha (Ōsaka)

Kasuga-zukuri:
Kasuga Taisha (Nara)

Taisha-zukuri:
Izumo Taisha (Préfecture de Shimané)

Hachiman-zukuri:
Usa Jingū (Préfecture d'Ōita)

Nagaré-zukuri:
Kamo Jinja (Kyōto)

Temple Shintō

On trouve un grand nombre de talismans et autres fétiches porte-bonheur dans un temple *Shintō*. Certains sont utilisés pour deviner la volonté des dieux, d'autres pour communiquer avec eux et demander leur protection.

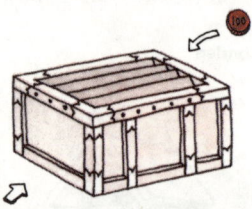

Saisen-bako: Il s'agit d'un coffre de collecte dans lequel les fidèles jettent de l'argent pour remercier les dieux de faveurs reçues ou témoigner de leur sincérité en demandant une.

Ema: Une tablette de bois votive portant l'image d'un cheval, le coursier des dieux.

Omikuji: Une prédiction écrite sur un morceau de papier, choisie en tirant une baguette de bambou d'une boîte que l'on secoue. La bande de papier est ensuite attachée à une branche d'un arbre du temple. Ces prédictions sont classées en *Daikichi* (très grand bonheur), *Kichi* (grand bonheur), *Shōkichi* (petit bonheur), et *Kyō* (malheur).

* *Suzu:* Une cloche que les fidèles font sonner pour annoncer au dieu du temple qu'ils sont venus prier.

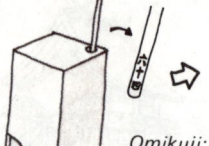

Omamori: Un talisman spécial auquel on attribue le pouvoir de porter chance et d'éloigner les mauvais esprits.

* *Suzu:* Voir page 83.

Temple Shintō

Le grand prêtre du temple est appelé le *Kannushi*. Il est responsable de tous les rites religieux et de la bonne tenue du temple. Les jeunes filles l'aidant dans ces tâches sont appelées les *Miko*.

Eboshi

Shaku: une masse de bois, le symbole du ministère du prêtre shintoïste.

Hō: robe de cérémonie

Noshi

Chihaya

Hibakama

Asagutsu: sabots noirs

Kan-nushi

Miko

Les habits du grand prêtre sont appelés *Ikan* (voir illustration). Il possède de plus un *Kariginu* (robe blanche avec un *hakama* de couleur) pour les jours ordinaires et un *Jōi*, qui est tout blanc.

On croyait autrefois que les gens mourraient dès que l'âme quittait le corps. Pour essayer de la rappeler, on pratiquait des rites magiques appelés *Kagura*, composés de danses en jouant de la flûte et du tambour. Ces rites furent par la suite consacrés, donnant naissance au *Noh* et au *Kyōgen*.

Kagura-suzu: cloche utilisée dans les danses shintoïstes.

Masques Kagura

Okamé: masque de jeune fille gaie et jolie.

Hyottoko: masque de drille. Ses lèvres sont pincées, il crache souvent du feu et raconte des mensonges.

寺院　Temple Bouddhique

Si vous désirez voir l'architecture classique typique japonaise, visitez l'un des nombreux temples bouddhiques. Ces temples avec leurs images du Bouddha ont été établis pour la pratique et la propagation du bouddhisme venu de l'Inde.

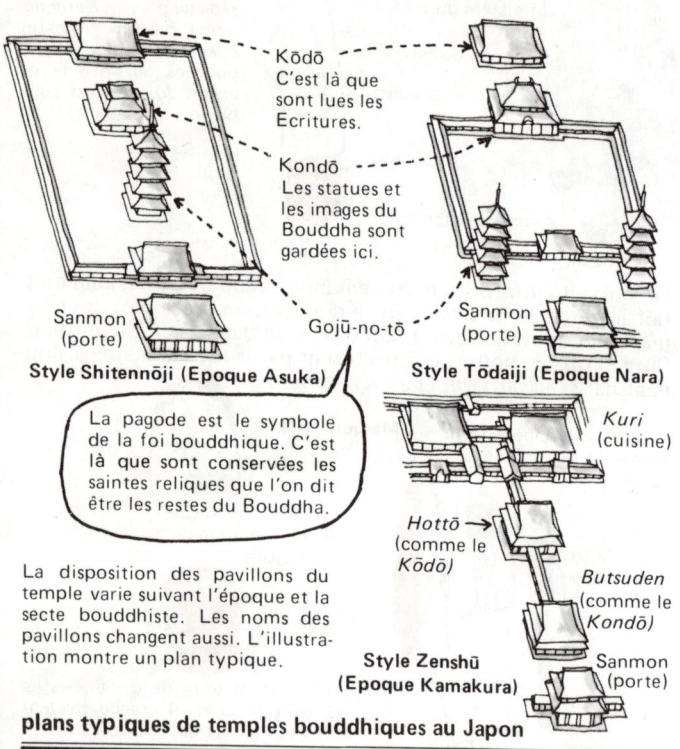

Kōdō
C'est là que sont lues les Ecritures.

Kondō
Les statues et les images du Bouddha sont gardées ici.

Sanmon (porte)

Gojū-no-tō

Sanmon (porte)

Style Shitennōji (Epoque Asuka)

Style Tōdaiji (Epoque Nara)

La pagode est le symbole de la foi bouddhique. C'est là que sont conservées les saintes reliques que l'on dit être les restes du Bouddha.

Kuri (cuisine)

Hottō → (comme le Kōdō)

Butsuden (comme le Kondō)

Style Zenshū (Epoque Kamakura)

Sanmon (porte)

La disposition des pavillons du temple varie suivant l'époque et la secte bouddhiste. Les noms des pavillons changent aussi. L'illustration montre un plan typique.

plans typiques de temples bouddhiques au Japon

Temple Bouddhique

Caractéristiques de l'architecture d'un temple

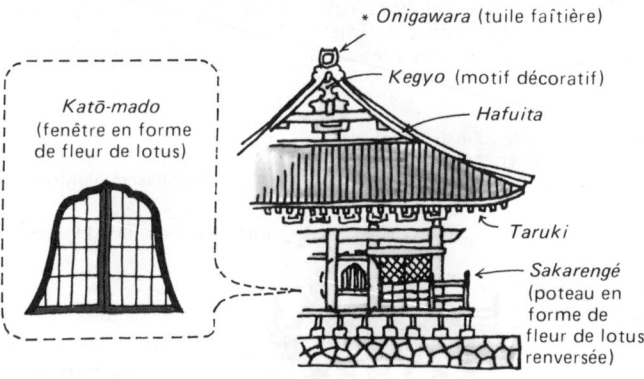

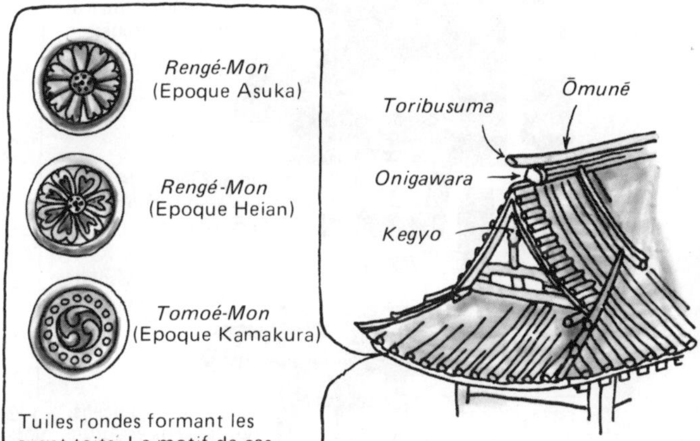

* *Onigawara* (tuile faîtière)
Kegyo (motif décoratif)
Hafuita
Taruki
Sakarengé (poteau en forme de fleur de lotus renversée)

Katō-mado (fenêtre en forme de fleur de lotus)

Rengé-Mon (Epoque Asuka)

Rengé-Mon (Epoque Heian)

Tomoé-Mon (Epoque Kamakura)

Tuiles rondes formant les avant-toits. Le motif de ces tuiles change suivant l'époque.

Toribusuma
Ōmunē
Onigawara
Kegyo

---

* *Onigawara:* Voir page 11.

Temple Bouddhique

Les pavillons les plus importants du temple sont la grande salle *(Hondō, Kondō* ou *Butsuden)* et la pagode. Les fidèles se tiennent dans la chambre extérieure en face du sanctuaire intérieur, où se trouvent les images du Bouddha, et prient en joignant les paumes de leurs mains.

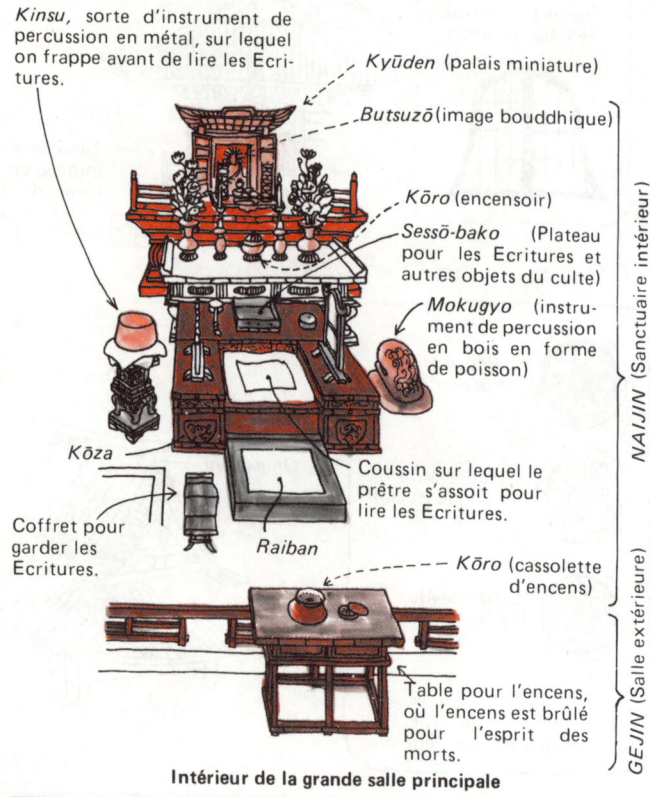

Intérieur de la grande salle principale

Temple Bouddhique

En Inde, le pavillon du temple dans lequel sont gardés ce que l'on dit être les restes du Bouddha, est appelé le stupa. Arrivé au Japon par la Chine et la Corée, sa forme s'est transformée pour devenir la pagode de cinq étages, typique d'un temple japonais.

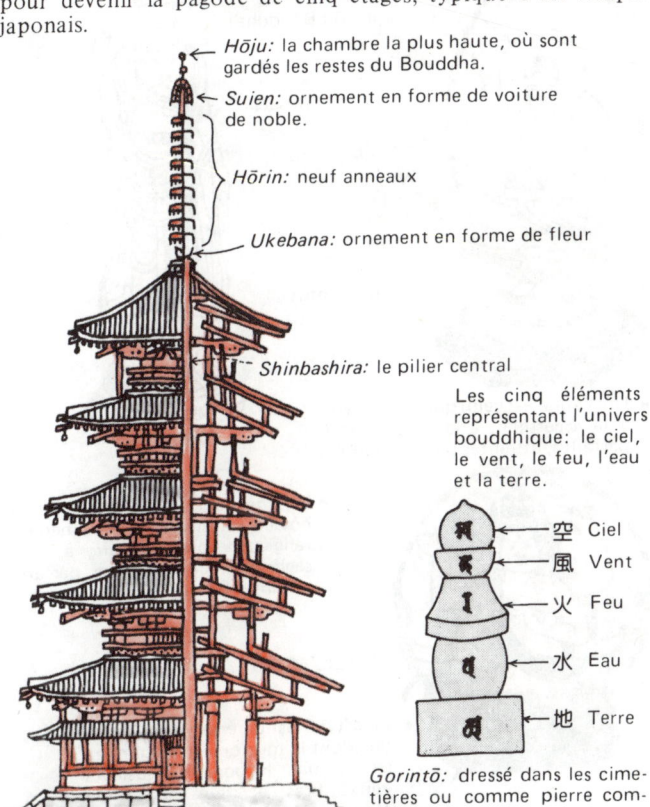

Hōju: la chambre la plus haute, où sont gardés les restes du Bouddha.

Suien: ornement en forme de voiture de noble.

Hōrin: neuf anneaux

Ukebana: ornement en forme de fleur

Shinbashira: le pilier central

Les cinq éléments représentant l'univers bouddhique: le ciel, le vent, le feu, l'eau et la terre.

空 Ciel
風 Vent
火 Feu
水 Eau
地 Terre

Gorintō: dressé dans les cimetières ou comme pierre commémorative.

Gojū-no-tō (pagode de cinq étages)

Temple Bouddhique

Statue représentant le Bouddha

Gokō
(le nimbe du Bouddha)

菩薩
Bosatsu

如来
Nyorai

Fleur de lotus

- Un *Nyorai* est celui qui est parvenu à la sagesse et à la connaissance parfaites, atteintes par le Bouddha.

- Un *Bosatsu,* ou bodhisattva, est un novice soumis à un entraînement religieux pour parvenir à cette sagesse et connaissance parfaites, atteintes par le Bouddha.

明王 *Myō-ō*

- Le *Myō-ō* est un envoyé du Bouddha dont la mission est de combattre le mal. Il possède plusieurs yeux, bras et têtes. Sa mine étrange remplit d'effroi.

Temple Bouddhique

Position des mains et des jambes du Bouddha

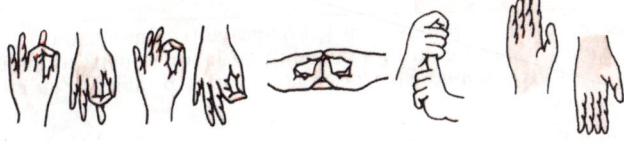

Insō, ou positions des mains

Gōmaza   Kissōza   Hankafuza

La position des jambes du Bouddha indique le degré de sagesse et de connaissance auquel il est parvenu.

Bonshō

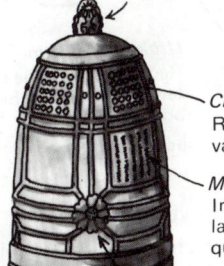

Ryūzu

Le *Bonshō* est la cloche du temple bouddhique. Elle est sonnée 108 fois la nuit du Nouvel An pour annoncer la Nouvelle Année et chasser les 108 mauvais désirs dont l'homme est affligé. *(Joya-no-kané)*

Chichi:
Redans représentent les 108 mauvais désirs

Mei-bun:
Inscriptions décrivant l'histoire de la cloche ou énumérant des suppliques.

Tsukiza: Le point sur lequel le battant vient frapper, orné d'un motif à pétale de lotus.

Komanotsumé

茶の湯 Cérémonie du Thé

C'est de Chine que nous vient le *Cha-no-yu* (cérémonie du thé) ou *Sadō* (lit. la voie du thé) introduit au Japon et perfectionné par le Maître *Sen-no-Rikyū* sur la base des principes *Zen* au XVIe siècle.

Kama & Furo (Bouilloire & Brasero):
Le *kama*, qui contient l'eau, est placé sur le *furo* pour l'ébullition. (En hiver, un *ro*, ou foyer dans le sol, est découvert en enlevant des lattes du plancher.)

Mizusashi: cruche. L'eau dans le *mizusashi* est utilisée pour laver le *chawan* (tasse à thé) ou versée dans le *kama*.

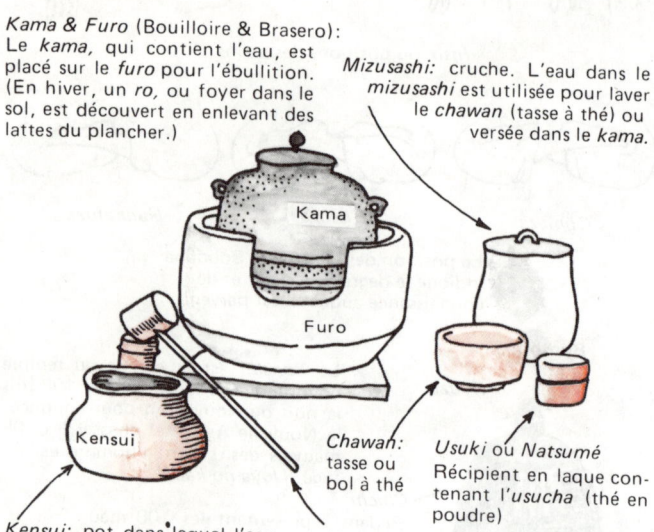

Kensui: pot dans lequel l'eau, qui a été utilisée pour laver le *chawan*, est versée.

Chawan: tasse ou bol à thé

Usuki ou *Natsumé* Récipient en laque contenant l'*usucha* (thé en poudre)

Hishaku: louche pour verser l'eau

▲ **Ustensiles de Cha-no-yu**

Les Japonais considèrent le *Cha-no-yu* comme une discipline spirituelle, pour parvenir au *"*wabi*" (état dans lequel on retrouve la sérénité et le calme de l'âme dans une simplicité extrême), mais aussi comme un art où la forme et la grâce sont primordiales.

* *Wabi:* Voir page 182.

Cérémonie du Thé

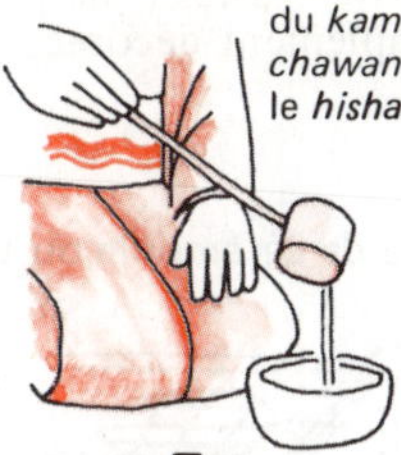

Versez l'eau chaude du *kama* dans le *chawan* avec le *hishaku*.

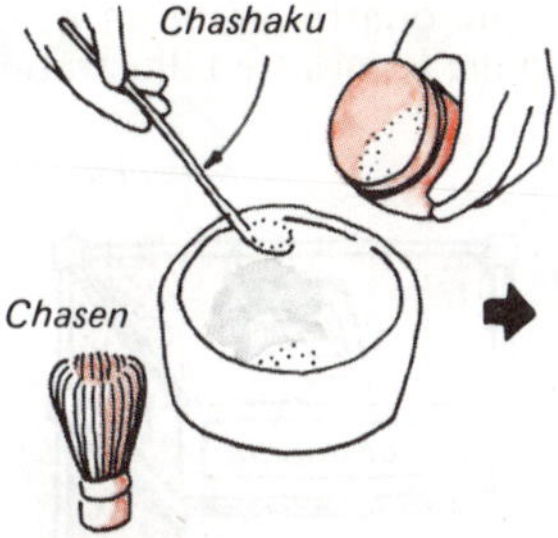

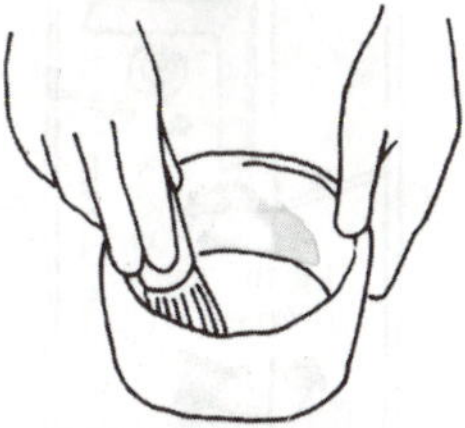

Un thé vert spécial en poudre, appelé *matcha*, est utilisé pour le *cha-no-yu*.

Procédure pour préparer et servir le thé

Remuez avec le *chasen*.

Courbez vous légèrement, puis prenez le *chawan* de la main droite, et placez le sur la paume de votre main gauche.

Faites tourner le *chawan* dans le sens des aiguilles d'une montre trois fois de la main droite.

Après avoir bu le thé, essuyez de la main droite le bord du *chawan* où vous avez posé vos lèvres, puis tournez le *chawan* dans le sens inverse des aiguilles d'une montre et rendez le à votre hôte.

Comment boire le thé et rendre le chawan à l'hôte

31

Cérémonie du Thé

La pièce où se déroule la cérémonie du thé est habituellement de trois mètres carrés (une pièce de quatre *tatami* et demi) et est très simplement décorée, comme le montre l'illustration ci-dessous.

■ **Pièce de cérémonie du thé**

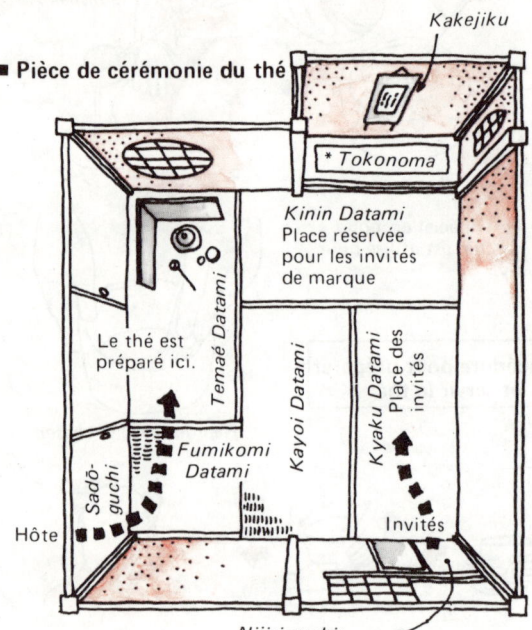

Nijiri-guchi: Petite porte de 60 cm² par laquelle entrent les invités. Le fait qu'ils doivent se courber pour passer par cette porte doit leur faire perdre naturellement toute fierté et les rendre humbles.

Le style du *cha-no-yu* dépend de l'école, comme *Ura-Senké*, *Omoté-Senké*, etc. Le style décrit ci-dessus est celui de l'école *Ura-Senké*.

* *Tokonoma:* Voir page 162.

地蔵・道祖神 Jizō & Dōsojin

Les *Jizō* sont des objets très familiers de croyances populaires au Japon, faits de pierre sculptée. Il existe divers types de *jizō*. La plupart d'entre eux sont des statues iconiques dédiées à la protection divine des enfants.

Shakujō

Hōju

Kesa

Jizō-bosatsu, soulageant le peuple de ses peines et souffrances.

Koyasu-jizō, tenant un bébé.

Un *dōsojin* est une borne de pierre, placée habituellement au coin d'une rue ou au bas d'un pont pour protéger les piétons.

Un *dōsojin* de mariage

生け花　Art Floral

L'art floral japonais *(ikebana)* a été porté à son plus haut degré de perfectionnement pendant la seconde moitié du XVIe siècle par son fondateur, *Sen-no-Rikyū*. Il existe aujourd'hui quelques trois mille écoles d'*ikebana,* dont les deux plus célèbres sont l'école *Ikenobō* et l'école *Ohara*.

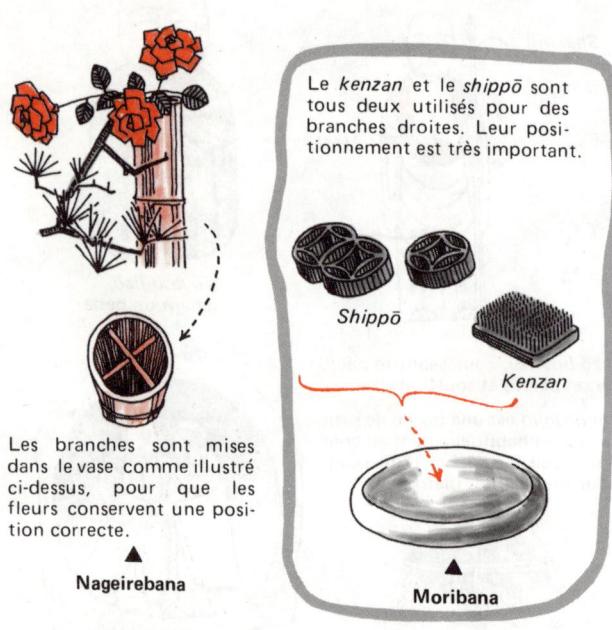

Le *kenzan* et le *shippō* sont tous deux utilisés pour des branches droites. Leur positionnement est très important.

Shippō

Kenzan

Les branches sont mises dans le vase comme illustré ci-dessus, pour que les fleurs conservent une position correcte.

▲
Nageirebana

▲
Moribana

L'*ikebana* peut être divisé en deux styles principaux: le *nageirebana* et le *moribana,* dépendant du type de vase utilisé.

Art Floral

Une composition florale peut être réalisée suivant les différents styles illustrés ci-dessous. Certains styles sont mieux adaptés à certaines variétés de fleurs.

La fraîcheur des fleurs est conservée en coupant les tiges sous l'eau *(mizukiri)*. On brûle aussi légèrement, ou on passe à la vapeur les tiges coupées.

On utilise une branche longue, une courte et une moyenne pour créer la composition florale.

Tout comme la cérémonie du thé, l'*ikebana* est très populaire parmi les jeunes filles japonaises et nombreuses sont les écoles où elles peuvent étudier cet art. Certaines écoles modernes enseignent des styles parfois très différents des styles traditionnels illustrés ici. L'école *Sōgetsu* est l'une de ces nouvelles écoles modernes.

盆栽 Bonsaï

Les *bonsaï* sont des arbres ou plantes miniatures en pot, répliques en très petit de leur état naturel. Leur beauté unique s'exprime dans la force, la forme et la structure de la plante.

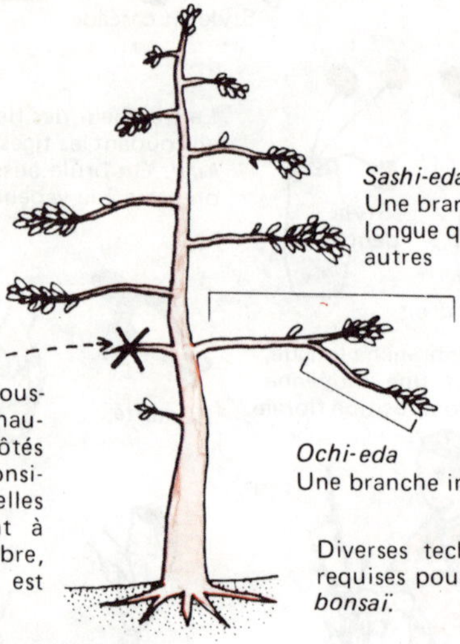

Sashi-eda
Une branche plus longue que les autres

Kan-nuki-eda
Deux branches poussant à la même hauteur des deux côtés de l'arbre. On considère que de telles branches nuisent à la beauté de l'arbre, et l'une d'elles est coupée.

Ochi-eda
Une branche inférieure

Diverses techniques sont requises pour cultiver des *bonsaï*.

▼ **Outils pour la culture des bonsaï**

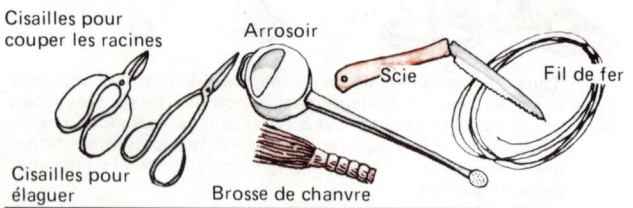

Cisailles pour couper les racines
Arrosoir
Scie
Fil de fer
Cisailles pour élaguer
Brosse de chanvre

Bonsaï

■ Formes d'arbre typiques

Chokkan: Arbre droit

Kengai: Arbre donnant l'impression de pendre d'une falaise vers une gorge.

Ishizuki: un *bonsaï* dont les racines s'enroulent autour de roches. Certains *bonsaï* prennent racine sur des roches de cette manière.

Bunjingi: une forme d'arbre d'une courbe élégante

焼きもの　Poterie

La poterie *(Yakimono)* donne des objets alliant l'utilité à la beauté. Les poteries datant d'époques différentes et produites dans diverses régions du Japon possèdent chacune leur propre caractère, témoignant de l'esthétique et de la vie de l'époque et de la région d'où elles proviennent.

Rokuro:
Les pots prennent forme sur le tour du potier. Ce dernier le fait tourner à l'aide de ses pieds ou de ses mains ou au moyen d'un moteur électrique.

Suyaki:
Après avoir été créé sur le tour, le pot est séché naturellement et cuit sans verni.

Etsuké:
Les décorations sont faites directement sur le pot, qui est ensuite verni.

Le pot est finalement cuit à une température appropriée pour son vernis.

▲ **Production de poterie**

Poterie

■ Carte de poterie

Kiyomizu (Kyōto)
Hall en mémoire de *Kawai Kanjirō* à Gojō-zaka.

Satsuma (Préf. de Kagoshima)
Elimination du fer de l'argile pour la production de poteries blanches.

Kutani (Ville de Kanazawa, Préf. d'Ishikawa)
Célèbre pour ses riches motifs décoratifs.

唐津　萩　上野　高取　小鹿田　小石原　破部　備前　丹波　清水　信楽　伊賀　朝日　越前　九谷　美濃　瀬戸　常滑　益子　会津本郷　薩摩

Mashiko (Préf. de Tochigi)
Style aux formes rondes et douces.

Bizen (Préf. d'Okayama)
Les tuiles de *Bizen* sont employées pour la toiture de certaines maisons.

Tanba (Préf. de Hyōgo)
La poterie de Tanba domine les traditions de poterie.

Shigaraki (Comté de Kōga, Préf. de Shiga)
Production des célèbres ratons laveurs.

Seto (Ville de Seto, Préf. d'Aichi)
Le terme *Seto-mono* (choses de *Seto*) est devenu synonyme de poterie.

漆器　Laque

Les laques comprennent les divers ustensiles et objets d'art recouverts de laque obtenue à partir de l'arbre à laque japonais. Ce vernis souligne leur beauté mais les protège également de l'humidité et du temps.

Feuilles de l'arbre appelé *urushi*, qui rougissent en automne.

Une entaille est faite dans l'écorce de l'*urushi* pour recueillir les gouttes de sève. Il s'agit de la laque brute.

Raffinage (Elimination de l'eau)

Préparation du motif

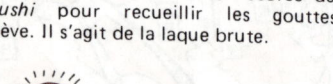

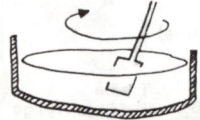

Procédé dit *nayashi*
(La laque est chauffée et remuée, à la lumière directe du soleil, pour la rendre homogène. Des appareils électriques sont aujourd'hui utilisés pour effectuer ces opérations).

Laque

Le bois, le cuir, le papier, la porcelaine et le métal sont utilisés comme matériaux de base. Trois couches de laque sont généralement appliquées: une couche d'apprêt, une couche d'impression et une couche de finition.
Les laques de *Wajima* de la préfecture d'Ishikawa comptent parmi les plus réputées.

Laques de Wajima

Laques de *Shunkei*: les objets en bois sont teints en jaune ou rouge, puis recouverts de laque. (les laques de Kiso de la préfecture de Nagano sont les plus célèbres du genre.)

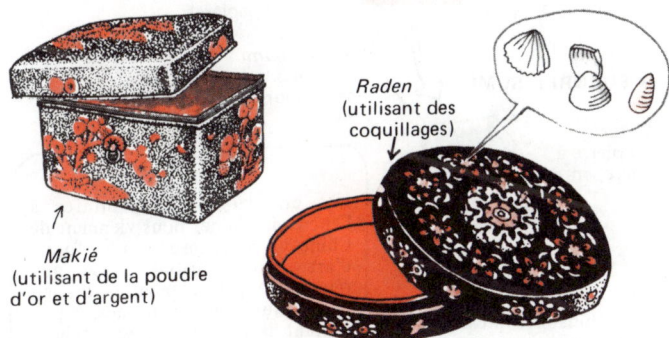

Makié
(utilisant de la poudre d'or et d'argent)

Raden
(utilisant des coquillages)

On fait appel à des techniques spéciales, comme celles utilisant de la poudre d'or et d'argent ou l'incrustation de nacre ou de coquillages, pour décorer les laques.

書画 Calligraphie & Sumié

La calligraphie ou *Sho* compte parmi les arts uniques à l'Orient. La beauté s'exprime dans la forme et la position des caractères tracés, le dégradé de l'encre, et la force des traits du pinceau.

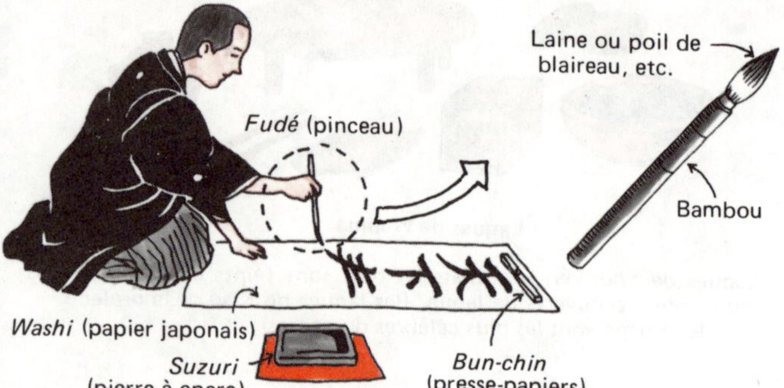

Fudé (pinceau) — Laine ou poil de blaireau, etc. / Bambou

Washi (papier japonais)
Suzuri (pierre à encre)
Bun-chin (presse-papiers)

● SUZURI & SUMI

Suzuri-no-umi (partie évidée de la pierre à encre, pour contenir de l'eau)

Suzuri, ou pierre à encre, en pierre

Sumi (Encre)

Le *sumi,* ou bâton d'encre de Chine, est fait d'un mélange de noir de carbone ou de suie et de colle. L'encre est obtenue en frottant le bâton d'encre sur la pierre avec de l'eau.

Les *suiboku-ga*, ou peintures à l'encre de Chine, nous viennent de Chine et sont devenus une forme d'art établi surtout grâce aux œuvres des prêtres peintres. Il s'agit de peintures monochromes, représentant la nature avec ses rochers, fleuves, arbres et montagnes, et un monde de contemplation et de méditation.

Calligraphie & Sumié

L'effet de perspective est obtenu par le dégradé de l'encre.

Le tableau a de la profondeur sans pourtant avoir de point central.

Si des personnages sont représentés, ils font partie de la nature et se fondent dans la scène.

SUIBOKU-GA

道具・骨董品 Objets Folkloriques et Bibelots

Les objets illustrés ci-dessous sont rarement utilisés de nos jours. On trouve parmi eux de très belles pièces d'artisanat et nombre d'entre eux sont considérés comme des objets d'art.

■ Kit de voyage

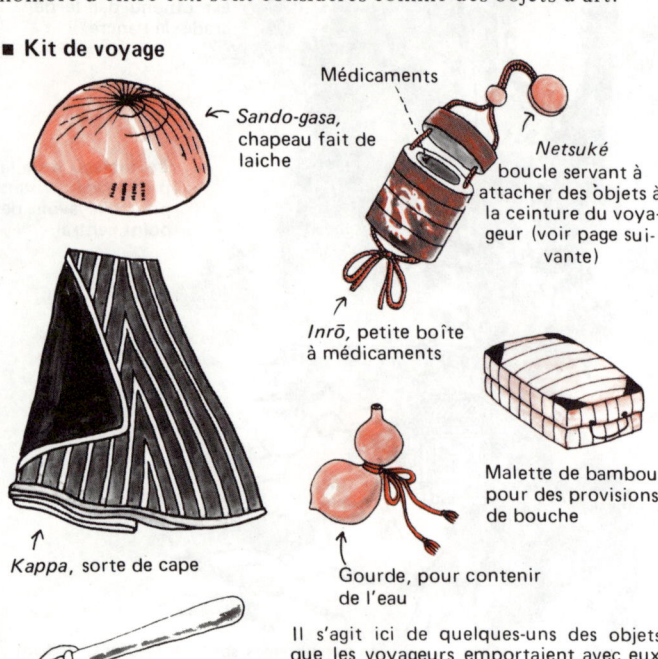

← *Sando-gasa*, chapeau fait de laiche

Médicaments

Netsuké boucle servant à attacher des òbjets à la ceinture du voyageur (voir page suivante)

Inrō, petite boîte à médicaments

Malette de bambou pour des provisions de bouche

↑ *Kappa*, sorte de cape

Gourde, pour contenir de l'eau

Yadaté, pour la correspondance, avec pinceau et tampon encreur.

Il s'agit ici de quelques-uns des objets que les voyageurs emportaient avec eux pendant la période *Edo*. Non seulement très pratiques, certains d'entre eux sont de très beaux exemples d'art folklorique. On les voit souvent dans des films historiques sur cette période.

Objets Folkloriques et Bibelots

Les *netsuké* étaient conçus à l'origine pour attacher les tabatières ou les boîtes à médicaments à la ceinture. Ce sont maintenant des objets très recherchés par les collectionneurs à l'étranger pour leurs motifs uniques et élaborés.

Motifs bizarres

Les *netsuké* sont gravés dans le bois, le bambou, l'ivoire et autres matériaux.

■ Meubles et Articles Ménagers

(Certains sont toujours utilisés aujourd'hui dans des régions du Japon)

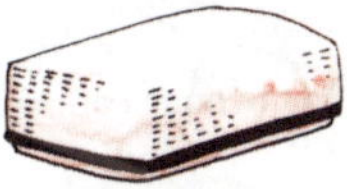

Panier d'osier, fait de bambou, pour le linge

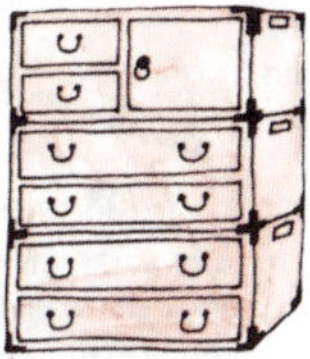

Tansu, ou commode

Tsuitaté, ou paravent

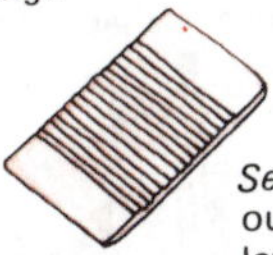

Sentaku-ita, ou planche à laver le linge

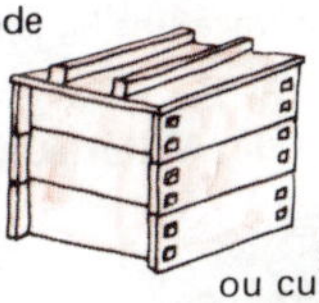

Seiro, ou cuiseur de riz à la vapeur

La lampe est allumée à l'intérieur

Papier japonais

Andon, ou lampe sur pied

Karakasa, parapluie fait de papier huilé sur un cadre de bambou

Oké, cuvette de bois

Objets Folkloriques et Bibelots

■ Outils et Equipement de l'Artisan

Les outils illustrés ici sont ceux qu'un charpentier utilisait autrefois pour la construction de maisons de bois.

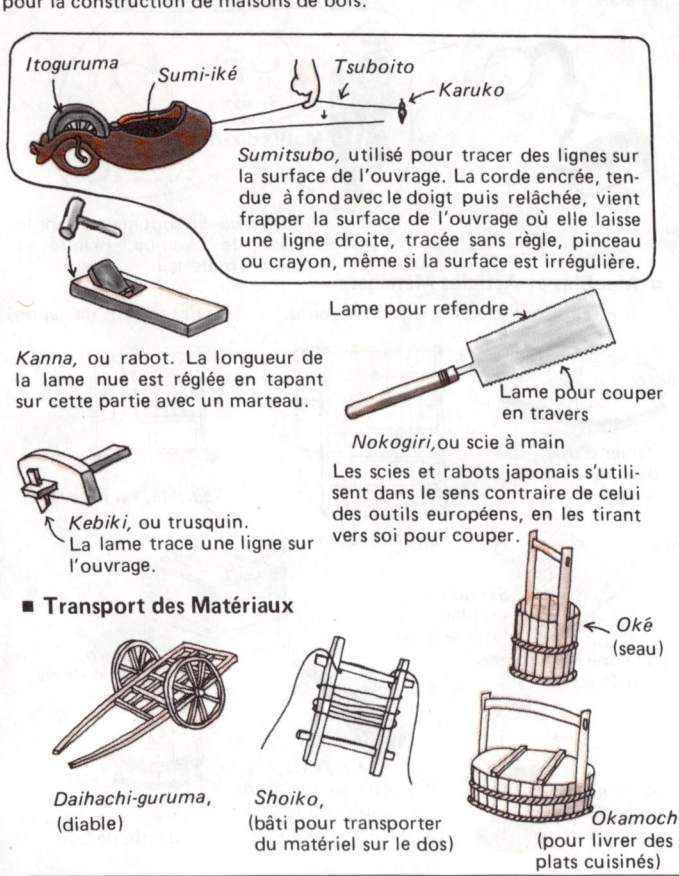

Itoguruma — *Sumi-iké* — *Tsuboito* — *Karuko*

Sumitsubo, utilisé pour tracer des lignes sur la surface de l'ouvrage. La corde encrée, tendue à fond avec le doigt puis relâchée, vient frapper la surface de l'ouvrage où elle laisse une ligne droite, tracée sans règle, pinceau ou crayon, même si la surface est irrégulière.

Kanna, ou rabot. La longueur de la lame nue est réglée en tapant sur cette partie avec un marteau.

Lame pour refendre

Lame pour couper en travers

Nokogiri, ou scie à main

Les scies et rabots japonais s'utilisent dans le sens contraire de celui des outils européens, en les tirant vers soi pour couper.

Kebiki, ou trusquin. La lame trace une ligne sur l'ouvrage.

■ Transport des Matériaux

Daihachi-guruma, (diable)

Shoiko, (bâti pour transporter du matériel sur le dos)

Oké (seau)

Okamochi (pour livrer des plats cuisinés)

Objets Folkloriques et Bibelots

■ Peignes et accessoires

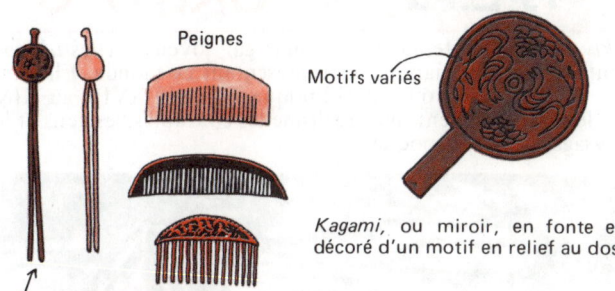

Peignes

Motifs variés

Kagami, ou miroir, en fonte et décoré d'un motif en relief au dos.

Kanzashi, ou épingles à cheveux de parure

■ Accessoires divers

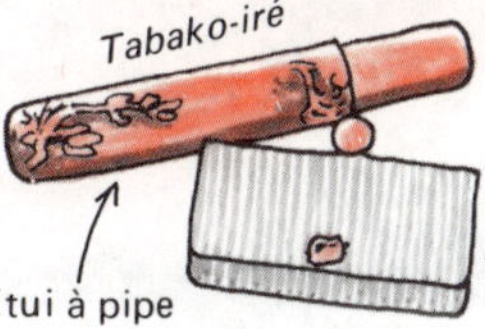

Tabako-iré

Suzu, ou grelot

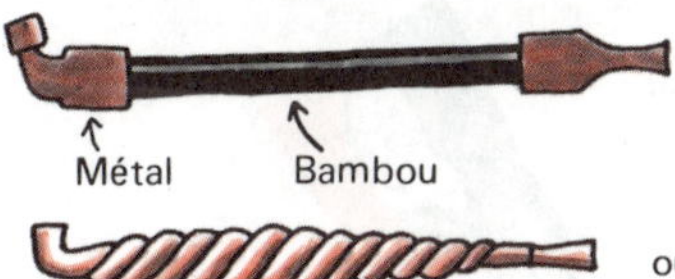

Blague à tabac

Etui à pipe

Métal   Bambou

Sensu, ou éventail pliant

Kiseru, ou pipe

Uchiwa, ou éventail

浮世絵　　Ukiyo-é

Ukiyo signifie littéralement monde gai, joyeux, et les *ukiyo-é* sont les estampes japonaises représentant ce monde. Elles ont été produites au cours de l'Epoque *Edo* (du XVIIe au XIXe siècle) et dépeignent avec réalisme les coutumes, les gens et les paysages de cette époque.

De "Trente-six Vues du Mont Fuji" de Hokusai

Les artistes *ukiyo-é* les plus connus sont sans doute *Utamaro*, pour ses portraits de jolies femmes; *Hiroshigé* dont l'œuvre la plus célèbre est les "Cinquante-trois Etapes du Tōkaidō"; *Hokusai* pour ses "Trente-six Vues du Mont Fuji"; et *Sharaku*, célèbre pour ses portraits d'acteur.

Ukiyo-é utilisé sur une ancienne raquette japonaise.

Ukiyo-é

L'*ukiyo-é* était une forme d'art populaire qui parlait directement au cœur. Les gens se précipitaient pour acheter les dernières estampes représentant des acteurs en vogue, des femmes d'une grande beauté et des courtisanes célèbres. On pouvait aussi acheter des estampes érotiques appelées *makuraé*.

Ukiyo-é

Production d'une estampe Ukiyo-é

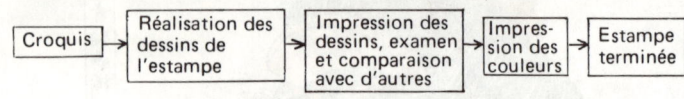

Croquis → Réalisation des dessins de l'estampe → Impression des dessins, examen et comparaison avec d'autres → Impression des couleurs → Estampe terminée

絵師

L'*eshi*, ou le peintre, fait un croquis de la composition d'ensemble, trace les dessins de l'estampe et indique les couleurs suivant la commande des vendeurs d'*Ukiyo-é*.

彫師

Le *horishi*, ou le graveur, colle le dessin de l'estampe à l'envers sur une planche de bois convexe, grave la planche pour une épreuve en noir et blanc, puis grave d'autres planches pour les différentes couleurs indiquées par le peintre.

Sharaku, artiste *Ukiyo-é* unique, a produit des portraits des acteurs célèbres dans le style impressionniste qui lui était propre.

■ Outils de graveur:

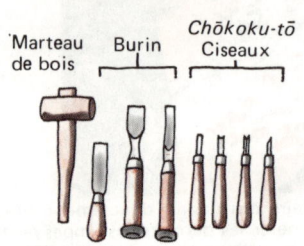

Marteau de bois   Burin   *Chōkoku-tō* Ciseaux

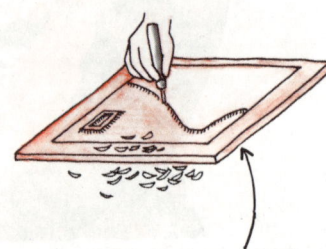

* Bois de cerisier utilisé comme planche à graver

Ukiyo-é

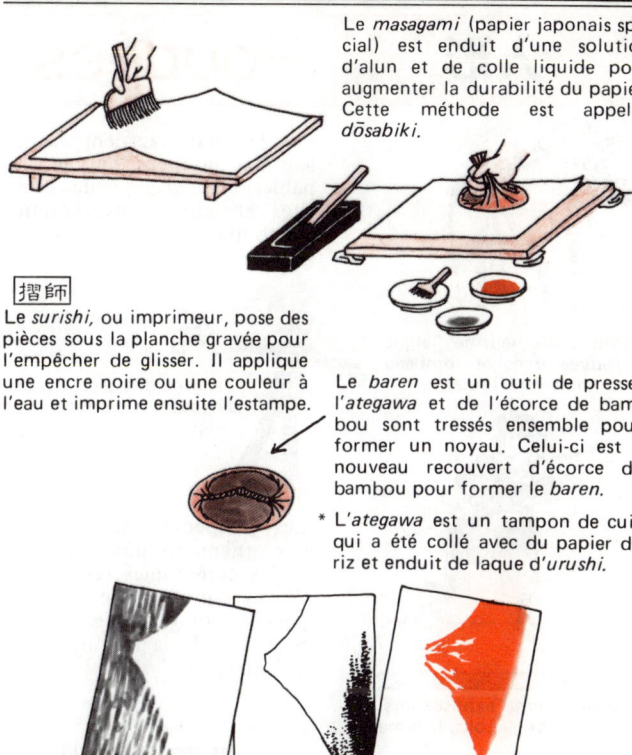

Le *masagami* (papier japonais spécial) est enduit d'une solution d'alun et de colle liquide pour augmenter la durabilité du papier. Cette méthode est appelée *dōsabiki*.

摺師

Le *surishi*, ou imprimeur, pose des pièces sous la planche gravée pour l'empêcher de glisser. Il applique une encre noire ou une couleur à l'eau et imprime ensuite l'estampe.

Le *baren* est un outil de presse: l'*ategawa* et de l'écorce de bambou sont tressés ensemble pour former un noyau. Celui-ci est à nouveau recouvert d'écorce de bambou pour former le *baren*.

* L'*ategawa* est un tampon de cuir qui a été collé avec du papier de riz et enduit de laque d'*urushi*.

Planches de couleur imprimées avec des couleurs individuelles

Finition de l'*ukiyo-é*:
Des techniques uniques, telles que les impressions à blanc, ou dégradées sont largement utilisées. Ces techniques n'ont pas été employées dans les productions d'estampes d'autres pays.

人形　　Poupées

Les Japonais faisaient autrefois des poupées d'argile, de papier, etc., utilisées dans des rites religieux ou placées dans les tombeaux de rois ou de nobles.

Haniwa, une figurine d'argile retrouvée dans le tombeau d'un noble du VIe siècle.

Figurine de paille utilisée surtout lors de rites religieux.

Les poupées sont devenues des ornements pour les fêtes et les cérémonies religieuses. Citons par exemple les poupées *hinaningyō* que l'on expose lors de la fête des filles le 3 mars.

Poupée *samuraï* exposée lors de la fête des garçons, le 5 mai.

Poupées représentant l'Empereur et l'Impératrice dans des costumes du moyen age.

* *Hinaningyō:* voir page 84.

Poupées

Certaines poupées produites régionalement au Japon sont de véritables objets d'art, d'autres produites dans tout le pays sont de simples jouets. Il existe un grand nombre de styles et de matériaux différents.

Poupée *Gosho* (Kyōto)

Cuite de finition de qualité

Poupée *Hakata* (Fukuoka)

La tête tourne

Poupée *Saga*

Poupée *Kyō* (Kyōto)

Les poupées *Gosho* étaient offertes autrefois en cadeau pour la décoration du Palais Impérial. Les poupées *Saga* réputées pour la richesse de leurs couleurs sont nées entre les mains des sculpteurs d'art bouddhique. Les poupées *Kyō*, elles, sont célèbres pour leurs très beaux costumes spécialement tissés, et les poupées *Hakata* pour leur très belle cuite de finition. Les poupées *Kokeshi*, de forme cylindrique et en bois, sont les plus typiques de toutes les poupées japonaises. On les trouve dans de nombreuses régions du Japon.

Poupées *Kokeshi*

楽器   Instruments de Musique

La musique ancienne japonaise présente plusieurs styles, comme le *gagaku* (musique ancienne de cour), le *nōgaku* (musique jouée dans les pièces de *Noh*) et le *sōkyoku* (musique de *koto*). Quelques-uns des instruments utilisés dans ces différents styles sont illustrés ci-dessous.

KOTO

Kotoji, ou chevalet mobile

Tandis que la main droite pince les cordes, la main gauche presse les cordes derrière le chevalet pour moduler les tons.

Treize cordes, faites de soie

Le corps est fait de *kiri* (paulownia).

SHAMISEN

Le *shamisen* est un instrument semblable au banjo, utilisé pour accompagner les pièces de *kabuki* et *bunraku*.

Sao, ou manche

Itomaki, ou chevilles

Peau de chat

Trois cordes de soie

Bachi, ou plectre

Instruments de Musique

SHAKUHACHI

Le *shakuhachi* et le *yokobué* sont des types de flûte. Le *shakuhachi* se compose d'un tube de bambou de 50cm de long environ et n'a pas d'anche.

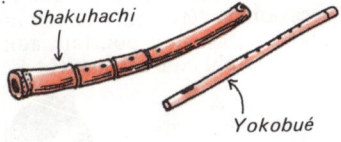

Shakuhachi

Yokobué

Un *Komusō*, ou prêtre mendiant *zen* (XVe - XVIe siècle) jouant du *shakuhachi*.

Instruments joués dans le gagaku

Tsuzumi. La peau est de la peau de daim ou de poney.

Taiko, ou tambour

Bachi, ou baguettes de tambour

Shō (flûte de bambou verticale)

Biwa

着物・帯 — Costumes Traditionnels

Le *kimono* est la tenue traditionnelle du Japon que l'on voit surtout de nos jours à l'occasion de cérémonies. Si on lui reproche parfois d'être peu pratique, on doit pourtant admirer ce surcroît de grâce et d'élégance qu'il confère aussitôt à celui ou celle qui le porte.

Le *nagajuban* est une sorte de longue robe de dessous, portée sous le *kimono,* et sur les sous-vêtements habituels.

L'*obiagé* soutient l'*obi.*

L'*obi* est une large ceinture à nœud portée sur le *kimono.*

L'*obijimé* maintient l'*obi* en place.

Les manches très larges sont appelées *tamoto.*

Le *kimono* est fait de soie imprimée à motifs divers.

Le *furisodé* est un *kimono* de cérémonie à manches très longues porté par les jeunes filles. Les femmes mariées portent un *kimono* à manches de longueur normale appelé *tomesodé.*

Tabi

Costumes Traditionnels

Les kimono pour hommes sont généralement noirs.

Le *montsuki* ou *haori*, est un demi-manteau orné des armoiries familiales de celui qui le porte. (voir p. 60, Armoiries Familiales)

Mon (armoiries)

Sensu, ou éventail pliant

Hakama, sorte de jupe-culotte portée sur le *kimono*.

Les *tabi* doivent être portées avec le *montsuki*.

L'*obi* est fait d'un tissu rigide (le *kaku-obi*) ou un tissu souple (le *heko-obi*).

Tenue de cérémonie **Tenue de ville**

Il existe différents types de *kimono* portés selon les occasions. Les *kimono* féminins comprennent le *furisodé* et le *tomesodé* pour les cérémonies, le *hōmongi* porté pour la ville, le *tsukesagé* et le *komon*. Les *kimono* pour hommes sont le *montsuki hakama* pour les cérémonies et le *haori* pour la ville. Citons encore le *yukata* porté par les deux sexes comme tenue d'intérieur, à la maison, au *ryokan,* mais aussi pour se rendre à des fêtes locales.

Costumes Traditionnels

La forme d'un *kimono* est immuable. Le goût personnel s'exprime dans le choix du tissu, le type de tissage et de teinture, les couleurs et motifs, ainsi que le choix de l'*obi*.

Ōshima-tsumugi    *Yūzen* 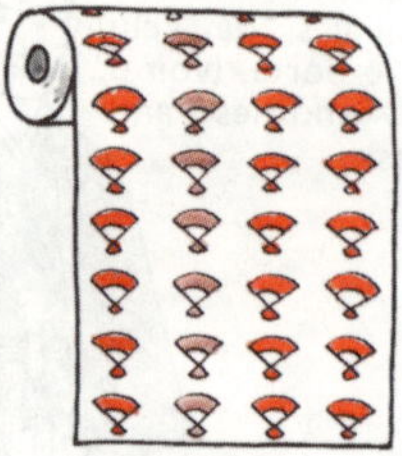   *Komon*

Un tissu pour *kimono*, appelé *tanmono*, est spécialement produit en longueur d'*ittan* (env. 1 m).

- **OBI**

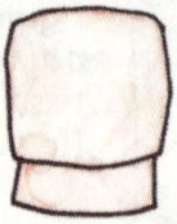

Otaiko    *Chidori*

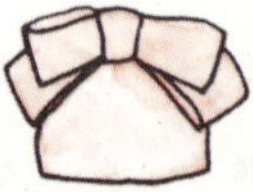

Bunko    *Kai-no-kuchi* 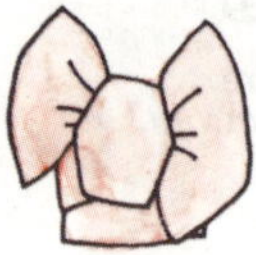   *Tateya*    *Fukurasuzumé*

L'*obi* est une composante importante du *kimono*, que l'on noue de différentes manières.

- **OBIJIMÉ**

Pour des événements heureux - félicitations

Pour des occasions ordinaires - sans signification particulière

Pour des événements malheureux - condoléances

履物　Chaussures

Les *zōri* et les *geta* sont les chaussures traditionnelles japonaises, couramment portées de nos jours. Elles présentent toutes deux une lanière en Y que l'on passe entre le gros orteil et l'orteil suivant et qui couvre le pied.

Pour hommes

Pour femmes

Le matériau utilisé est surtout du paulownia.

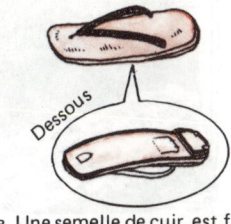

Dessous

Geta. Sandales de bois surélevées par des supports. Les *geta* sont faites d'une seule pièce de bois taillée, ou bien les supports sont fixés sous la semelle de bois.

Setta. Une semelle de cuir est fixée au dessous à l'aide d'attaches métalliques.

Ashida, ou *takageta, geta* surélevées par de hauts supports pour les jours de pluie.

Pokkuri pour femmes

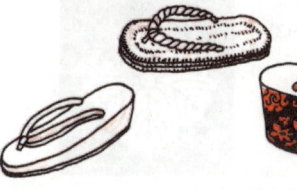

Zōri. La semelle est recouverte de cuir ou de tissu. Les *zōri* sont surtout portés par les femmes avec le *kimono*.

Waraji. Sandales de paille, rarement portées de nos jours.

紋　Armoiries

Mon ou armoiries familiales, à motif noir et blanc. Chaque famille japonaise possède ses armoiries personnelles.

Ces *mon* sont imprimés sur les *kimono* de cérémonie appelés *montsuki*, sur les *noren* (rideau à l'entrée des magasins), et sur les *chōchin* (lanternes de papier). Ils sont aussi symboliques des temples et sanctuaires.

Noren (voir p. 93)

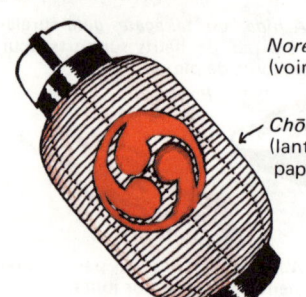

Chōchin (lanterne de papier)

Kiri (paulownia): Le *kiri* et le *kiku* (chrysanthème) sont utilisés dans les armoiries de la Famille Impériale.

Armoiries

Il existe un grand nombre d'armoiries différentes, utilisant des motifs variés comme les plantes, oiseaux, caractères, etc.

L'*aoi*, ou rose trémière, armoiries de la famille *Tokugawa-shogun*, qui a régné sur le Japon du XVIIe au XIXe siècle.

Armoiries représentant le Mont Fuji et un voilier dans un cercle. Les montagnes sont aussi utilisées dans certaines armoiries. Citons pour exemple le motif de la bannière de *Takeda Shingen*, *samurai* de l'Epoque *Sengoku* (Etat en guerre).

Armoiries, avec un caractère chinois pour motif.

Yama-ni-kasumi: Brume recouvrant une montagne

Le *tsuru*, ou grue, est un oiseau porte-bonheur au Japon. Il apparaît souvent dans les contes populaires japonais.

Chō: (papillon)

Fundō: (balance)

Ise-ebi-maru: (homard)

色と柄 Couleurs et Motifs

Les motifs traditionnels japonais peuvent être vus sur les *kimono* et les *yukata* (voir p. 56), comme sur les *tenugui* (serviettes pour les mains), *furoshiki* (carré de tissu pour envelopper) et *chiyogami*.

Hanten, ou demi-manteau, à motif *asa-no-ha* (feuille de chanvre).

Le *tenugui* est une petite serviettes dont on se sert pour s'essuyer le visage et les mains. Il comptait autrefois parmi les accessoires raffinés du costume.

Furoshiki à motif *karakusa moyō* (arabesque)

Sakura, ou fleurs de cerisiers

Ichimatsu moyō, motif à carreaux

Nami, motif à vagues

Uroko, motif à écailles

Divers types de *chiyogami* (papier à motifs japonais)

Une poupée faite de papier japonais

Couleurs et Motifs

Les motifs illustrés ci-dessous ont longtemps été considérés comme des symboles de bonheur et sont toujours largement utilisés.

Shō-Chiku-Bai

Shō ou *Matsu*   *Chiku* ou *Také*   *Bai* ou *Umé*

Le *Shō* (pin), le *Chiku* (bambou) et le *Bai* (prunier) sont des arbres vigoureux, résistants au froid, on les considère de ce fait comme des symboles de bonheur.

Tsuru-Kamé

Tsuru ou grue   *Kamé* ou tortue

Les grues que l'on dit vivre 1.000 ans et les tortues que l'on dit vivre 10.000 ans sont des symboles de longévité.

Au Japon, le rouge et le blanc sont utilisés pour des célébrations, tandis que le noir et le blanc sont réservés aux deuils.

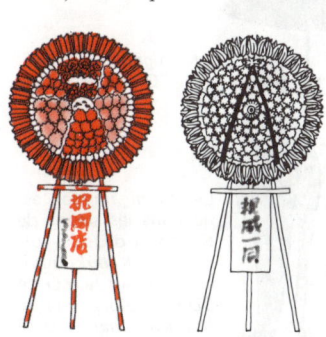

Des tissus à larges bandes rouges et blanches sont employés pour des événements heureux, alors que des tissus à bandes noires et blanches sont utilisés pour des deuils.

Un *hanawa* est une grande décoration florale ronde, faite de fleurs artificielles, envoyée ou reçue lors de célébrations comme l'inauguration d'un nouveau magasin ou restaurant ou lors d'événements malheureux comme un enterrement. La taille et le nombre de *hanawa* indiquent le pouvoir et l'influence de l'expéditeur ou du destinataire.

舞踊 — Danse Classique

Le *buyō*, ou danse japonaise, est basé sur des incantations, comme l'invocation aux esprits des morts, et prières pour le repos des âmes. Le *buyō* se compose des trois éléments suivants:
- *Mai* (舞) signifiant se retourner
- *Odori* (踊) signifiant sauter
- *Furi* (振) signifiant mimer des gestes représentant la vie de tous les jours ou une condition sociale.

Ces définitions de *mai*, *odori* et *furi* correspondent au sens original. De nos jours, ils sont tous trois utilisés pour signifier danse.

Le *buyō* a été perfectionné dans les pièces de *Noh*, *Kyōgen* et de *Kabuki*. Les danses de *Kabuki* se sont surtout développées à Tōkyō, au XIXe siècle, et les termes *Nihon-buyō* et *Kabuki-buyō* sont presque synonymes.

Un *Kamigata-mai*, appelé "Chute de neige"

Le *Kamigata-mai* est né dans les salons de Kyōto et d'Ōsaka surtout. Le *Kabuki-buyō* est basé sur le *YŌ* de *BUYŌ*, alors que le *Kamigata-mai* est basé sur le *BU* et est plus statique.

Fujimusumé, ou jeune fille à la glycine, est l'une des danses les plus célèbres. Une jeune fille, d'une beauté de nymphe, exprime en dansant tout l'amour qu'elle porte à son bien-aimé dans un décor de glycines.

短歌・俳句　Tanka & Haïku

Le *tanka* est un court poème composé de vers de cinq, sept, cinq, sept et sept syllabes, unique au Japon. Il compte parmi les principaux genres littéraires japonais et a toujours été populaire. Le jeu de cartes *hyakunin isshu* (voir p.132) est aussi une anthologie de *tanka*.

L'*haïku* est plus court que le *tanka*, composé de vers de cinq, sept et cinq syllabes. Le poète tente d'exprimer dans l'*haïku* les émotions ressenties devant la beauté de la nature en des termes simples mais choisis.

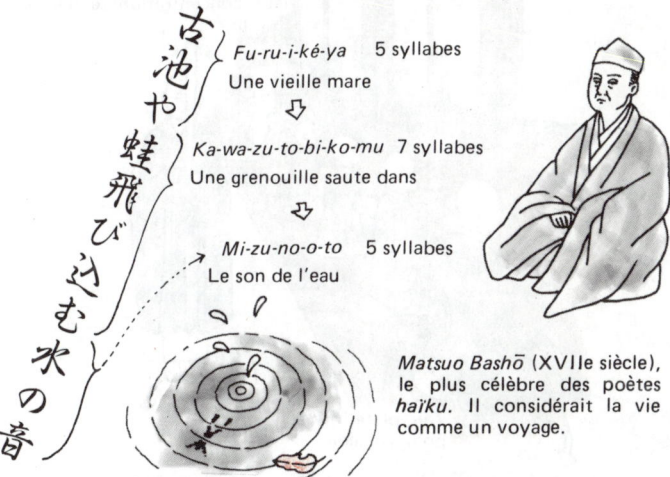

Fu-ru-i-ké-ya 5 syllabes
Une vieille mare

Ka-wa-zu-to-bi-ko-mu 7 syllabes
Une grenouille saute dans

Mi-zu-no-o-to 5 syllabes
Le son de l'eau

Matsuo Bashō (XVIIe siècle), le plus célèbre des poètes *haïku*. Il considérait la vie comme un voyage.

Cet *haïku* célèbre de *Bashō* a occupé l'esprit d'innombrables critiques à travers les âges. L'interprétation des *haïku* est extrêmement difficile, mais l'un des plaisirs qu'elle procure en particulier est de tenter de lire l'émotion du poète entre les lignes.

禅・座禅 Zen & Zazen

Le *Zazen* est une forme de discipline mentale ou spirituelle, originaire de l'Inde. Dans le *Zazen*, le praticien doit être assis dans une certaine position, respirer régulièrement et abandonner toute pensée terrestre. Une secte fut fondée pratiquant le *Zazen*, arrivé au Japon par la Chine, pour parvenir à la connaissance spirituelle.

La méditation (pratique du *zazen*) est effectuée deux fois par jour, tôt le matin et le soir.

Kyōsaku, un bâton de bois de chêne, utilisé pour taper sur les épaules des disciples, lorsque leur concentration se relâche.

Tan, plate-forme pour s'asseoir

Jikidō, le maître

Position correcte des jambes

Position correcte des mains

Zen & Zazen

La doctrine du bouddhisme *zen* peut être définie comme une communication sans paroles, ou expression sans langage. Selon l'un des principes de base du *zen*, la vérité est atteinte uniquement par l'expérience directe. Diverses méthodes d'entraînement, y-compris le *zazen*, sont employées dans ce but.

Chapeau de bambou

Cloche

Bol de métal (Le prêtre n'est ni heureux lorsqu'on lui donne quelque chose, ni malheureux si son bol reste vide).

Jōgu-bodai, Geké-shujō. Ces termes définissent le but même du *zen*, pratique de la méditation pour rechercher le *Bodai* (*Satori*, ou connaissance spirituelle), tout en priant pour le salut de tous les êtres vivants, y-compris le sien.

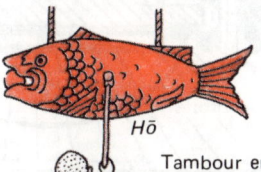

Hō

Tambour en forme de poisson, utilisé pour annoncer les heures de repas.

Un prêtre ne remplit aucune tâche productive, et vit en mendiant de la nourriture et de l'argent. C'est ce que l'on appelle *takuhatsu*, méthode d'oubli de soi pour se libérer de tout orgueil.

Légumes macérés dans la saumure
Légumes bouillis
Soupe *Miso*
Riz

Repas typique (un bol de soupe, deux plats de légumes, accompagnés de riz).

歌舞伎 Kabuki

Le *kabuki* est l'un des arts théâtraux traditionnels japonais, tout comme le *Noh*, le *Kyōgen* et le *Bunraku*. On pense qu'il est né au XVIIe siècle, où il a été joué pour la première fois par la danseuse *Izumo-no-Okuni* et sa troupe à Kyōto.

La scène de *kabuki* est équipée de divers appareils mécaniques pour produire des effets spéciaux. L'un d'eux est le *Séri*, une plate-forme qui monte ou descend sous la scène permettant de faire apparaître ou disparaître les acteurs. De nos jours, cette plate-forme est actionnée par un moteur.

Kabuki

Le *kabuki* se caractérise par un jeu de scène stylisé, des costumes somptueux et des effets spectaculaires. Le mot *kabuki*, toutefois, évoque sans doute tout d'abord le *mawari-butai*, ou scène tournante, le maquillage violent de l'acteur *aragoto*, et les *oyama*, ou rôles féminins tenus exclusivement par des hommes.

Mawari-butai: scène tournante utilisée pour changer de décors.

Hanamichi: aile de la scène s'étendant du devant de la scène jusqu'à l'arrière du théâtre, passant au milieu des spectateurs.

Kakiwari: Décor peint et accessoires.

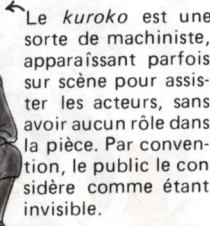

Le *kuroko* est une sorte de machiniste, apparaîssant parfois sur scène pour assister les acteurs, sans avoir aucun rôle dans la pièce. Par convention, le public le considère comme étant invisible.

L'accompagnement musical est chanté ou joué (musique *shamisen*) sur une partie surélevée de la scène appelée *degatari-dai*, qui tourne pour faire disparaître les musiciens lorsque le morceau est terminé.

Oyama: Quelques-unes des plus belles scènes de *kabuki* sont produites par les costumes et maquillages des *oyama*, ou rôles féminins. Ces rôles étaient autrefois joués par des femmes, qui étaient aussi des prostituées. Craignant pour la bonne moralité du public, le *Shōgun Tokugawa* interdit alors aux femmes de tenir tout rôle de *kabuki*. Depuis cette époque, les rôles féminins ont été tenus par des hommes exclusivement, produisant de manière inattendue, le concept de beauté de l'*oyama*.

Kabuki

Le mot *Kabuki* vient de *"Kabuku"* (incliner), qui signifie aussi actions, styles étranges, etc. Dès son apparition, le *kabuki* fut très populaire parmi les gens du peuple, car il exprimait simplement et hardiment tous leurs rêves et émotions.

Ōdachi: large sabre de plus de deux mètres de long

Gohon-kuruma-bin: perruque à longues mèches en forme de pinces de crabe

Niō-dasuki, cordon décoratif

Aragoto: l'*Aragoto* est un style de jeu de scène exprimant la colère. Le héro, passé de manière tragique dans l'autre monde, se transforme en un être surnaturel et revient sur terre pour se venger.

Ōsuō, fait de couches de chanvre

Une figure typique d'*Aragoto* (de *Shibaraku*)

Maquillage rouge utilisé pour les héros, noir pour les méchants.

Kumadori:

Le maquillage est appliqué en utilisant un fard gras, suivant les muscles du visage.

Le *Kabuki*, tel qu'il est joué aujourd'hui a été perfectionné au cours des XVIIIe et XIXe siècles. Avant cette période, le *kabuki* se composait de danses érotiques, de courtes pièces et numéros d'acrobatie. Il fut ensuite élevé à un art théâtral plus noble par l'auteur *Chikamatsu Monzaemon* (1653 - 1724) et l'acteur *Ichikawa Danjūrō*.

Kabuki

Le *kabuki* possède une gestuelle et un jeu de scène qui lui sont propres. Les termes utilisés pour les décrire ont pris un sens plus large et sont aujourd'hui utilisés dans la conversation de tous les jours.

Janomé-gasa: parapluie fait de papier huilé sur un cadre de bambou, décoré d'un motif représentant un œil de serpent.

Hachimaki, serre-tête

Wakizashi, ou courte épée

Sukeroku, figure type de *Nimaimé*

Glossaire

- *Mié (o-kiru):* Pour produire un effet plus dramatique, l'acteur de *kabuki* accentue son jeu de scène et s'immobilise, maintenant la pause, aux moments critiques.
- *Nimaimé:* Rôle d'un jeune et beau prétendant. Les rôles comiques sont appelés *Sanmaimé.*
- *Keren (-mi):* Technique par laquelle l'acteur indique qu'il cache ses intentions réelles, lui donnant un air encore plus rusé et malin.
- *Jūhachiban:* Les dix-huit meilleures pièces de *kabuki.* Terme aussi utilisé pour signifier une ruse ou un don particulier.
- *Tachimawari:* Scène de combat, jouée de manière très stylisée, comparable à une danse.

Ce style était le plus chic et le plus à la mode de l'époque.

Informations

Kabuki-za: Prendre la ligne de métro "Hibiya-sen" et descendre à la station Higashi-Ginza. Tél. (03) 3541-3131
Heures d'ouverture: 11:00/16:30
Admission: ¥2,000 – ¥16,000

能・狂言 Noh & Kyōgen

Le *Noh* est l'art théâtral le plus ancien du Japon. Il s'agit d'une forme d'art complet, recouvrant non seulement la musique, la danse et la littérature, mais aussi la sculpture, la teinture et le tissage, ainsi que la construction d'accessoires.

Le *Noh* se caractérise avant tout par son extrême sobriété, s'opposant au jeu rapide et entraînant du *kabuki*. C'est cette particularité qui a conduit à le comparer à une "sculpture mouvante".

La Scène de Noh

Agemaku (rideau)

Jiutaiza (emplacement du chœur)

Wakishōmen (fauteuils d'aile)

Honbutai (scène principale)

Shōmen (fauteuils du centre)

Tous les acteurs de *Noh* sont des hommes, et les rôles féminins sont donc aussi tenus par ces derniers. Le protagoniste principal est appelé *shité,* et les seconds rôles sont appelés *waki*. Le *shité* porte des masques spéciaux, cachant son visage.

MASQUES

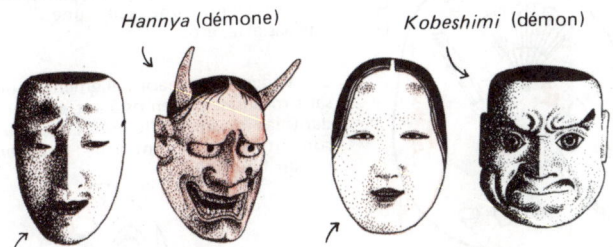

Hannya (démone)
Kobeshimi (démon)
Chūjō (noble courtisan)
Ko-omoté (jeune femme)

Les accessoires utilisés sont très simples et petits, le *noh* reposant en effet sur une symbolique particulière pour produire les effets voulus.

TSUKURIMONO (ACCESSOIRES)

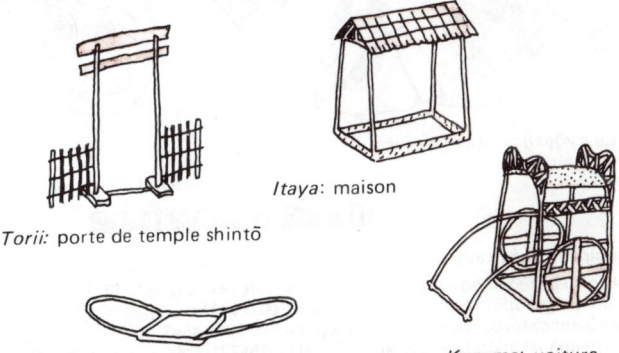

Torii: porte de temple shintō
Itaya: maison
Funé: bateau
Kuruma: voiture

Noh & Kyōgen

Le *kyōgen* est l'art comique traditionnel japonais. Il possède une tradition propre, distincte du *Noh*. On le classe souvent avec ce dernier, étant donné qu'il était autrefois joué pendant les entractes d'une longue pièce de *noh,* pour détendre l'atmosphère.

Un éventail peut être habilement utilisé de différentes manières pour représenter un poignard, une scie, une lance, une assiette, etc.

Le *kyōgen* est habituellement joué sans masque. De temps à autre cependant les masques illustrés ci-dessous sont utilisés. L'accent dans le *kyōgen* est sur l'humour.

Le *kyōgen* contient beaucoup de dialogues.

Nohkan

Principaux théâtres noh:

Kokuritsu-gekijō-nohgakudō: Sendagaya, Shibuya-ku (03) 3423-1331
Kanzé-nohgakudō: Shōtō, Shibuya-ku (03) 3469-5241
Hōshō-nohgakudō: Suidōbashi, Bunkyō-ku (03) 3811-4843
Kongō-nohgakudō: Nakagyō-ku, Kyōto-shi (075) 221-3049

文楽　Bunraku

Le *bunraku* est le théâtre de marionnettes traditionnel japonais. Les marionnettes sont habilement actionnées pour jouer une histoire (appelée *jōruri*) récitée avec un accompagnement de *shamisen*.

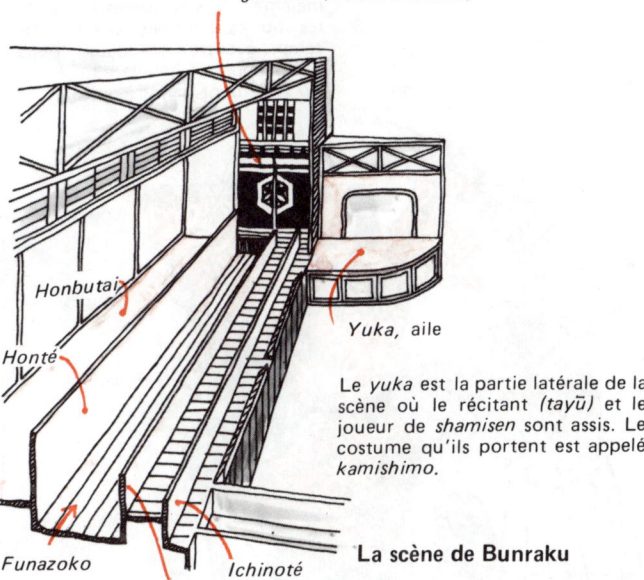

Agemaku (rideau d'entrée)

Honbutai

Honté

Yuka, aile

Le *yuka* est la partie latérale de la scène où le récitant *(tayū)* et le joueur de *shamisen* sont assis. Le costume qu'ils portent est appelé *kamishimo*.

Funazoko

Ichinoté

Ninoté

La scène de Bunraku

Les marionnettistes se tiennent habituellement dans les parties inférieures de la scène appelées *honbutai* ou *funazoko* et montrent les marionnettes de manière à ce que les pieds de celles-ci soient au-dessus du *honté* ou du *ninoté*.

---

* *Shamisen:* Voir page 54.

Bunraku

Chaque marionnette est habituellement actionnée par trois marionnettistes. Le premier est responsable de l'expression faciale de la marionnette, ainsi que de son bras et sa main droite. Il est appelé l'*omozukai*. Le second actionne le bras et la main gauche de la marionnette et tous les accessoires qu'elle porte. **Il est appelé le** *hidarizukai*. Quand au troisième, sa tâche est de remuer les jambes de la marionnette, et il est appelé l'*ashizukai*.

Les marionnettistes portent normalement des costumes et cagoules noires appelées *kuroko*. De temps à autre cependant, l'*omozukai* apparaît habillé d'un *kimono* seulement, sans cagoule.

Omozukai

Hidarizukai

Ashizukai

Un total de trente années sont, dit-on, nécessaires pour devenir un *omozukai* accompli; dix années comme *ashizukai,* dix autres années comme *hidarizukai,* et encore dix années comme *omozukai.*

* *Kuroko:* Voir page 69.

Bunraku

Une marionnette comprend une tête *(kashira)*, des épaules *(kataita)*, un tronc *(dō)* et des bras et des jambes *(te-ashi)*. Plusieurs mécanismes sont utilisés pour rendre la marionnette aussi vivante que possible sur scène.

Les poignets et les doigts de la marionnette sont actionnés en tirant sur des poignées, appelées *kozaru*, fixées à une barre appelée *sashigané*.

Dōgushi

Les marionnettes tenant des rôles féminins n'ont habituellement pas de pieds. La marche est suggérée par le mouvement donné au bas du costume de la marionnette.

La partie interne principale du corps de la marionnette est appelée le *dōgushi*. Le *hikisen*, ou corde, se trouvant à l'intérieur permet de faire bouger la tête de la marionnette, tandis que les poignées appelées *kozaru* font bouger ses yeux, sa bouche et ses sourcils.

Keisei
(prostituée)

Wakaotoko
(jeune garçon)

Gabu

Il existe diverses têtes de marionnettes suivant les rôles joués, le sexe, l'âge, etc. De plus, le style de coiffure peut aussi indiquer le rang du personnage.

Un beau visage de femme peut soudain prendre l'air diabolique d'un démon.

寄席 Théâtre de Variétés

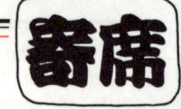

Le *yosé* est depuis longtemps acclamé comme le théâtre de variétés traditionnel japonais. Il est surtout le lieu du *rakugo* (récit d'histoires drôles), mais c'est là que se tiennent aussi les représentations de *kōdan* (récit dramatique), *kijutsu* (prestidigitation) et *rōkyoku* (récital des anciennes ballades appelées *naniwabushi*).

Mekuri: panneau sur lequel est affiché le nom de l'artiste.

Théâtre de Variétés

Représentation de *kōdan* au théâtre *Tōkyō Honmokutei*. C'est le seul dernier théâtre à Tōkyō avec un sol couvert de nattes de *tatami*.

Kōdan: l'art de conter des fresques historiques en utilisant une intonation spéciale. Les seuls accessoires utilisés sont une table basse appelée *shakudai,* et un bâton appelé *Hariōgi*.

Shakudai

Hariōgi

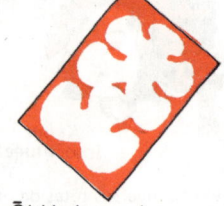

Ōiri-bukuro: Lorsque le public est particulièrement nombreux, l'artiste reçoit une prime placée dans cette enveloppe.

Théâtre de Variétés

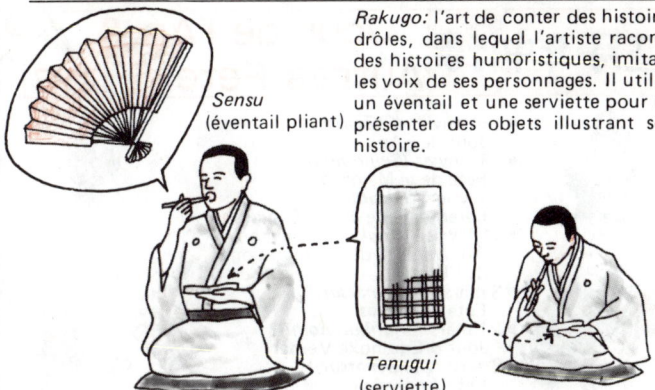

Rakugo: l'art de conter des histoires drôles, dans lequel l'artiste raconte des histoires humoristiques, imitant les voix de ses personnages. Il utilise un éventail et une serviette pour représenter des objets illustrant son histoire.

Sensu (éventail pliant)

Tenugui (serviette)

Baguettes et plat

Pipe et blague à tabac

Manzai: devenu particulièrement populaire parmi les jeunes au cours de ces dernières années. Il consiste d'un dialogue humoristique tenu par deux artistes, contrairement au *rakugo* où un seul artiste est sur scène.

Kyokugei (jongleur)

Informations

Suehiro-tei : Shinjuku, Shinjuku-ku (03)3351-2974
Suzumoto-engei-jo : Ueno, Taito-ku (03)3834-5906

正月・年中行事 Jour de l'An & Autres Fêtes Fixes

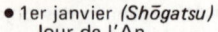

- 1er janvier *(Shōgatsu)*
  Jour de l'An
- 15 janvier *(Seijin-no-hi)*
  Fête de la Majorité
- ○ 3 février *(Setsubun)*
  Cérémonie de Jet de Graines
- 11 février *(Kenkoku-kinembi)*
  Anniversaire de la Fondation de l'Etat
- ○ 3 mars *(Hina-matsuri)*
  Fête des Filles
- 21 mars *(Shunbun-no-hi)*
  Jour d'Equinoxe Vernal
- ○ 8 avril *(Hana-matsuri)*
  Fête Anniversaire du Bouddha
- 29 avril *(Midori-no-hi)*
- 3 mai *(Kempō-kinembi)*
  Journée Commémorative de la Constitution
- 4 mai *(Kokumin-no-Kyūjitsu)*
  Jour de congé national
- 5 mai *(Kodomo-no-hi)*
  Jour des Enfants ou Fête des Garçons
- 7 juillet *(Tanabata)*
  Fête des Etoiles
- ○ Mi-septembre *(Tsukimi)*
  Fête de la Lune
- 15 septembre *(Keirō-no-hi)*
  Journée dédiée aux personnes âgées
- 23 septembre *(Shūbun-no-hi)*
  Jour d'Equinoxe d'Automne
- 10 octobre *(Taiiku-no-hi)*
  Jour des Sports, de la Santé
- 3 novembre *(Bunka-no-hi)*
  Fête de la Culture
- ○ 15 novembre *(Shichi-go-san)*
  Fête des Enfants de 3, 5 et 7 ans
- 23 novembre *(Kinrō-kansha-no-hi)*
  Jour d'Action de Grâce
- 23 decembre *(Tennō-tanjōbi)*
  Anniversaire de l'Empereur
- ○ 31 décembre *(Ō-misoka)*
  Saint-Sylvestre

● = Fête nationale

正月 **Shōgatsu**

Il existe beaucoup plus de décorations traditionnelles, jeux et coutumes associés au Jour de l'An *(Shōgatsu)* que pour toute autre fête, célébration du calendrier japonais.

Shimenawa: Corde de paille tressée, appelée *shimenawa,* que l'on met au-dessus de la porte de la maison pour porter bonheur et éloigner les mauvais esprits.

Kadomatsu: Décoration faite de branches de pin, bambou et de paille, que l'on emploie toujours par deux, une de chaque côté du portail ou de la porte d'entrée d'une maison. Le pin est un symbole de longévité.

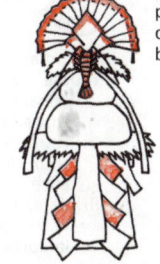

Shimekazari: Les produits des récoltes sont offerts aux dieux en signe de gratitude, et pour prier pour de bonnes moissons pendant l'année à venir. La crevette est aussi un symbole de prière de longévité.

Kagamimochi: C'est aussi une offrande aux dieux, comprenant deux *mochi,* ou gâteaux de riz, placés l'un sur l'autre, présentée dans le *tokonoma* ou alcôve de la pièce principale de la maison.

Jour de l'An & Autres Fêtes Fixes

Le *Tako-agé*, ou cerf-volant, était un passe-temps populaire parmi les enfants en hiver.

Hané, ou volant

Hagoita, ou raquette

Hané-tsuki: badminton traditionnel japonais, joué avec un volant, appelé *hané*, et une raquette appelée *hagoita*. Le perdant est pénalisé en ayant le visage barbouillé d'encre de Chine.

Koma, ou toupie

Comment faire tourner la toupie
 i) Attachez la corde à la tige supérieure.
 ii) Enroulez la corde autour de la tige inférieure.
 iii) Jetez la toupie et faites la tourner en tirant sur la corde.

Karuta ou jeux de cartes. Celui que l'on joue spécialement le Jour de l'An est le *Hyakunin-Isshu*, les Vers de Cent Poètes (voir p.132).

Fukuwarai: Dans ce jeu, le joueur a les yeux bandés, et doit terminer le dessin de papier du visage d'une jeune fille en y dessinant les yeux, le nez et la bouche. Le visage de jeune fille est habituellement l'*okamé* des masques *kagura* (voir page 23).

Jour de l'An & Autres Fêtes Fixes

Shishimai: Au cours de cette cérémonie pour chasser les mauvais esprits, l'exécutant se déguise en lion en portant une tête et une grande cape, et danse de maison en maison. Cette coutume est rarement pratiquée de nos jours dans les grandes villes.

Hatsumōdé: C'est pendant la période du *joya-no-kané*, ou Saint-Sylvestre, jusqu'au 7 janvier, que les Japonais se rendent pour la première fois de l'année au temple *shintō* ou bouddhique pour prier pour une année de bonheur et de bonne santé. C'est ce que l'on appelle *Hatsumōdé*.

Otoshidama: Il s'agit des étrennes que les enfants reçoivent de leurs parents et autres membres de la famille le 1er janvier.

 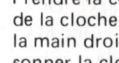

Prendre la corde de la cloche de la main droite et sonner la cloche. | Se courber deux fois | Frapper des mains deux fois | Se courber une nouvelle fois

Méthode pour prier

Osechi: *Osechi*, ou *Osechi-ryōri*, est un plat spécial préparé pour le Nouvel An uniquement. Il est présenté dans une boîte de laque à quatre étages, appelée *jūbako*.

 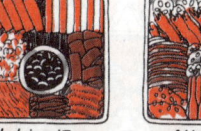

Ichinojū (premier étage) — *Ninojū* (deuxième étage)

Sannojū (troisième étage) — *Yonojū* (quatrième étage)

節分 Setsubun

Setsubun (3 février). Cette fête a lieu la veille du *Risshun*, le premier jour du printemps du calendrier chinois. Des graines de soja grillées sont jetées à l'intérieur comme à l'extérieur de la maison pour chasser la maladie et le malheur, représentés par un démon. (Cette coutume est appelée *mamé-maki*).

De nos jours, des lutteurs de *sumō* et autres célébrités sont souvent invitées dans les temples pour prendre part à cette cérémonie de jet de graines.

ひな祭り Hinamatsuri

Bonbori: petit lampadaire fait de papier japonais sur un cadre de bambou.

Hinamatsuri (3 mars). Des poupées habillées de *kimono* traditionnels sont exposées, pour prier pour le bonheur des petites filles. Ces poupées sont appelées *hinaningyō,* et la coutume est aussi appelée *momo-no-sekku*. Dans certaines régions, la vieille coutume consistant à mettre tous ses problèmes dans une poupée de papier que l'on fait ensuite flotter sur la rivière, est toujours pratiquée, et porte le nom de *nagashi-bina*.

Jour de l'An & Autres Fêtes Fixes

花見 Hanami

La fleur de cerisier, ou *sakura*, est la fleur nationale du Japon, mais aussi la fleur préférée des Japonais. De mars à avril, des petites réceptions en plein air, appelées *hanami* (lit. "voir les fleurs") sont tenues sous les cerisiers en fleurs.

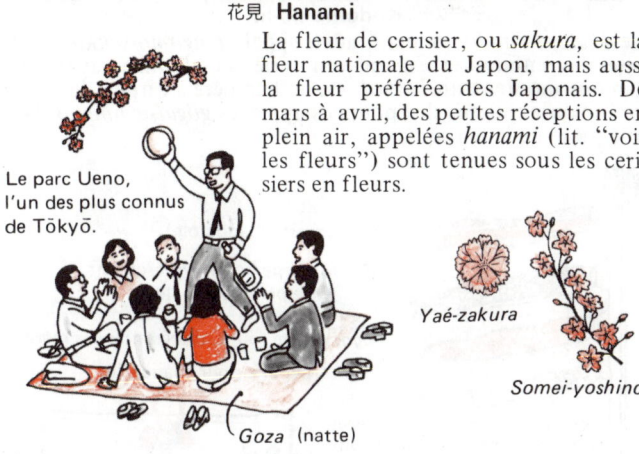

Le parc Ueno, l'un des plus connus de Tōkyō.

Yaé-zakura

Somei-yoshino

Goza (natte)

彼岸 Higan

Higan: Il s'agit de la période de sept jours dont le milieu est le *shunbun-no-hi* (jour d'équinoxe vernal) ou le *shūbun-no-hi* (équinoxe d'automne). Pendant l'*ohigan*, les Japonais vont prier devant les tombes de leurs ancêtres pour le repos de leurs âmes.

Hakamairi (se rendre à une tombe pour prier)

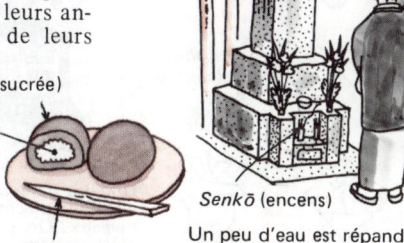

Sotōba

An (pâte de haricots sucrée)

Mochigomé (riz gluant)

Ohagi: l'*ohagi* est un type spécial de gâteau de riz enrobé de pâte de haricots sucrée, que l'on place en offrande sur les autels bouddhiques pendant l'*ohigan*.

Yōji

Senkō (encens)

Un peu d'eau est répandu sur la tombe pour la purifier.

Jour de l'An & Autres Fêtes Fixes

子供の日 Kodomo-no-hi

Le *kodomo-no-hi* (5 mai), aussi appelé *tango-no-sekku*, est la fête des enfants et est un jour férié. Les familles ayant des garçons montent un *koinobori*, ou bannière à carpes, dans leur jardin ou exposent des poupées appelées *gogatsu ningyō* dans une pièce de la maison.

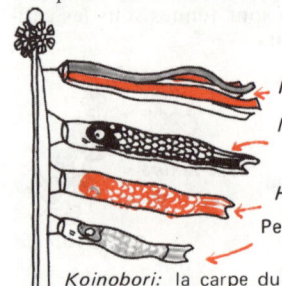

Fukinagashi (banderole)

Magoi (carpe noire, représentant le père de famille)

Higoi (carpe rouge, représentant la mère)

Petite carpe, une pour chaque fils.

Koinobori: la carpe du *koinobori* semble nager vigoureusement contre le courant. On dit que les garçons doivent faire face et surmonter les difficultés de la vie avec le même esprit combatif.

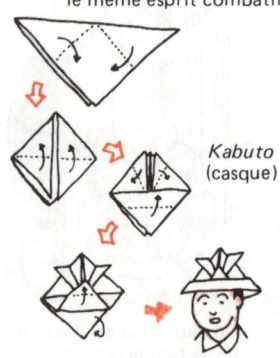

Kabuto (casque)

Comment plier le papier pour faire un casque

Gogatsu ningyō: les poupées sont habituellement placées sur une estrade à trois niveaux. On y expose une armure complète de *samurai*, un *taiko*, ou gros tambour, et divers accessoires nécessaires pour conduire et remporter les batailles d'autrefois.

七夕 **Tanabata**

Le *tanabata* (7 juillet) est le jour de l'année où, selon la vieille légende chinoise, la Princesse des Tisserands (Vega) et le Bouvier (Altair) peuvent traverser la voie lactée qui les sépare pour renouveler leurs serments d'amour.

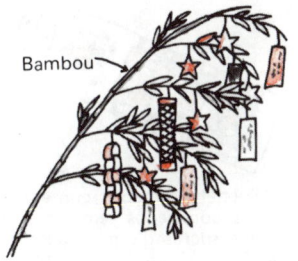

Tanzaku: petite bande de papier sur laquelle un poème est écrit. Les *tanzaku* et autres ornements sont pendus à une branche de bambou pendant le *tanabata* et placés dans le jardin, en signe de prière pour des événements heureux.

月見 **Tsukimi**

Tsukimi (Mi-sept.): le *tsukimi* (lit. "voir la lune") a lieu la nuit de pleine lune en automne, appelée *Jūgoya*. Un endroit est choisi pour admirer la lune, décoré avec des *tsukimidango* (boules de riz), *susuki* (herbe des pampas) et des fruits de saison.

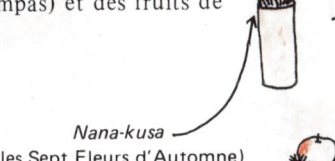

Nana-kusa (les Sept Fleurs d'Automne)

Susuki

Tsukimi dango

Jour de l'An & Autres Fêtes Fixes

七五三 **Shichi-go-san**

Shichi-go-san (15 novembre). Le jour du *shichi-go-san*, les parents habillent leurs enfants de leurs *kimono* ou de leurs plus beaux costumes et vont ensemble au temple voisin pour prier pour leur bonheur et santé. Cette coutume se pratique uniquement pour les filles et garçons de trois ans, les garçons de cinq ans et les filles de sept ans.

Pochette de papier contenant des confiseries semblables à des sucres d'orge rouges et blancs *(Chitosé-amé)*, qui, dit-on, assurent mille années de bonheur aux enfants qui les reçoivent.

クリスマス **Noël**

Noël est largement célébré au Japon, non seulement par la communauté chrétienne, mais aussi par beaucoup de Japonais. Toutefois, ce n'est pas un jour férié comme en Europe et il faut bien dire que sa signification, comme celle de la Saint Valentin, est devenue très commerciale.

Grandes Soldes de Noël

Des gâteaux de Noël sont vendus et savourés la nuit de Noël.

Jour de l'An & Autres Fêtes Fixes

大晦日 Ōmisoka

Kiné, ou pilon

Mochi, ou riz gluant pilé

Usu, ou mortier

A la fin de l'année, le riz est pilé pour des gâteaux de riz spéciaux appelés *mochi*. Le pilage du riz est appelé *mochitsuki*.

Noshi, une bande d'abalone séchée enveloppée dans un papier rouge et blanc et utilisée pour décorer un cadeau.

Mizuhiki: des cordes rouges et blanches enroulées autour d'un cadeau.

Seibo: C'est ainsi que l'on nomme la saison des cadeaux de fin d'année, pendant laquelle il est coutume d'envoyer des cadeaux à ceux qui nous ont rendu des services ou accordé des faveurs. Il existe en fait deux saisons de cadeaux au cours de l'année, l'autre, appelée *Chūgen,* a lieu à la mi-juillet.

*Joya-no-kané signifie sonner la cloche du temple cent-huit fois dans tous les temples du Japon, à minuit à la Saint-Sylvestre.

Toshikoshi soba: Toshikoshi signifie "raccompagner l'année finie et accueillir la nouvelle". *Toshikoshi soba* est un plat de *soba,* ou nouilles de sarrasin. Ce plat est mangé à la Saint-Sylvestre car les nouilles longues et fines sont un symbole de longévité.

---

* *Joya-no-kané:* Voir page 29.

祭り — Fêtes Folkloriques

Le Japon était à l'origine un pays de fermiers, et la plupart de ses fêtes sont donc rattachées au calendrier agricole. Chaque région a sa propre fête automnale, célébrée pour remercier la déité locale de la récolte, et pour prier pour des récoltes suivantes encore meilleures.

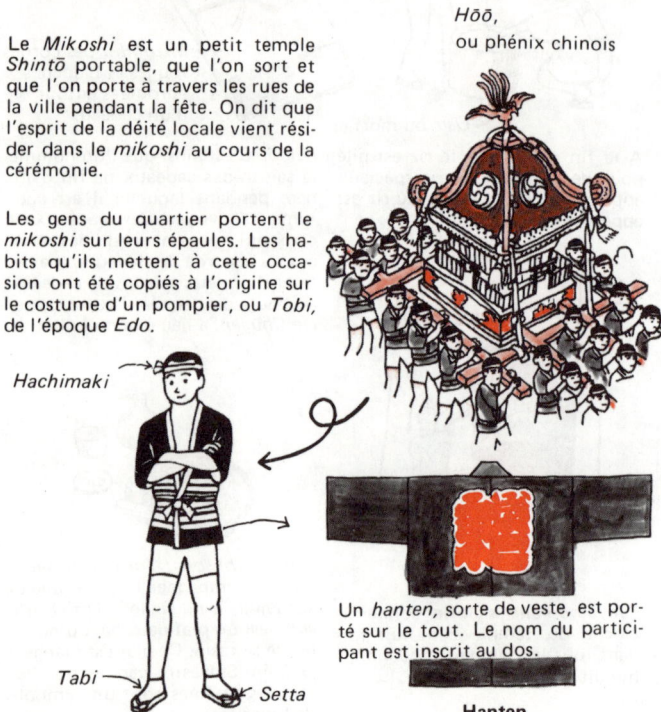

Hōō, ou phénix chinois

Le *Mikoshi* est un petit temple *Shintō* portable, que l'on sort et que l'on porte à travers les rues de la ville pendant la fête. On dit que l'esprit de la déité locale vient résider dans le *mikoshi* au cours de la cérémonie.

Les gens du quartier portent le *mikoshi* sur leurs épaules. Les habits qu'ils mettent à cette occasion ont été copiés à l'origine sur le costume d'un pompier, ou *Tobi*, de l'époque *Edo*.

Hachimaki

Tabi — Setta

Un *hanten*, sorte de veste, est porté sur le tout. Le nom du participant est inscrit au dos.

Hanten

Fêtes Folkloriques

Dashi

Le *Dashi* est un char de fête, orné de fleurs et de poupées. Il est paradé dans les rues de la ville de la même manière qu'un *mikoshi*. On dit aussi que la déité locale vient habiter le *Hoko,* ou hallebarde d'ornement, tout en haut du char.

Hanagasa-matsuri: cette fête se déroule les 6 et 7 août dans la ville de Yamagata. L'apogée est une parade de gala des participants portant des parapluies couverts de fleurs.

Le *Namahagé* d'Akita est un démon qui vient punir les paresseux. Il n'est pas considéré comme un mauvais esprit, mais au contraire comme un bon démon portant bonheur.

Lors des fêtes, les gens se déguisent en déités et donnent diverses représentations destinées à apaiser les dieux et les conduire à accorder de bonnes récoltes ou à chasser les mauvais esprits.

Fêtes Folkloriques

La fête du *Nebuta* se déroule du 3 au 7 août à Aomori. Le *Nebuta*, une figure faite de papier peint, tendu sur un cadre de bambou, de bois et de fils de fer, et comportant une lanterne à l'intérieur, est alors paradé dans les rues de la ville, parmi la foule. Le *Nebuta* est le dieu du sommeil japonais, homologue du dieu grec Morphée.

Lors de la fête du *Kantō* à Akita, qui se déroule du 5 au 7 août, quarante-six lanternes sont montées sur un mât de bambou de 10 mètres de haut environ.

La fête de * *Tanabata* est tenue à Sendai du 6 au 8 août.

La fête de *Gion* à Kyōto est la fête du temple de *Yasaka*. Elle dure environ un mois du 1er au 30 juillet. Au cours de cette fête, le 17 juillet, des chars décorés, appelés *Yama* et *Hoko*, sont paradés dans la ville.

La fête d'*Okunchi* se tient du 7 au 9 octobre à Nagasaki.

*Tanabata: Voir page 87.

のれん　　Noren

Les *noren* sont des rideaux assez courts accrochés à l'entrée des restaurants japonais ou autres établissements. Leur fonction est de signaler l'établissement lui-même, indiquant le nom ou le type du magasin ou la prestation fournie. On les utilisait à l'origine comme des stores.

Les *noren* sont généralement en tissu de couleur bleu marine, avec des lettres blanches. On peut les voir à l'entrée des restaurants japonais traditionnels, bains publics *(Sentō)*, magasins d'alimentation ou fabriques d'éventails japonais *(Ōgiya)*.

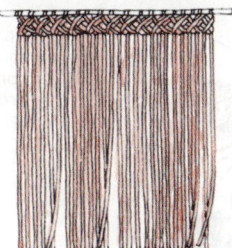

Nawa noren

Les *nawa noren (noren* fait de cordes) sont utilisés à l'entrée des bars japonais appelés *Ippai nomiya*. De nos jours, les termes *nawa noren* et *ippai nomiya* sont devenus synonymes.

縁日・市 — Jour et Marché de Fête

Le *en-nichi*, ou jour de fête, est un jour associé à des déités Shintoïstes et Bouddhistes. Les visiteurs des temples peuvent recevoir ce jour-là des faveurs divines spéciales. Pendant cet *en-nichi*, la foule se presse habituellement dans les temples et les marchands forains font recette.

Sōsu-sembei

Bekkō-amé

Echoppes typiques: vendant des snacks comme des pâtisseries et confiseries. Chaque échoppe a son propre *noren*.

Masque

Barbe à papa

Pistolet

Un enfant rentrant à la maison après un *en-nichi*.

Yōyō

Ballon de caoutchouc rempli d'air et d'eau.

Kingyo-sukui (pêche de poissons rouges)
Un jeu dans lequel les enfants tentent d'attraper des poissons rouges dans l'eau sans casser une cuillère très fragile faite d'un papier fin.

Jour et Marché de Fête

Le *Asagao-ichi*, ou fête des belle-de-jours, se tient à Iriya, à Tōkyō en juillet. De nombreuses variétés de belle-de jours sont exposées et vendues dans la rue.

Hagoita --

Le *Hagoita-ichi*, ou la fête des raquettes japonaises d'autrefois, est tenue au temple de *Sensō-ji* à Tōkyō, les 17, 18 et 19 décembre.

Le *Tori-no-ichi* (lit. la fête du coq) est une fête où l'on vend des *kumadé*, genre de râteaux de bambou d'ornement. Elle se tient au Temple d'*Ōtori* à Tōkyō, le *"Tori-no-ichi"* en novembre, qui est le jour du coq, 10ème signe du zodiaque.

Jindaiji-daruma-ichi, la fête des poupées *daruma* au Temple de *Jindaiji* à Tōkyō.

Le *Hōzuki-ichi* est la fête des plantes chinoises en forme de lampion, tenue au temple de *Sensō-ji*.

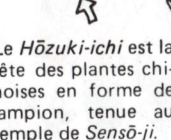

Rotenshō, les forains ou marchands ambulants gagnent leur vie en donnant des représentations ou en vendant des objets divers les jours de marché de fête.

盆踊り　Danse Folklorique

Le *Bon* est l'une des fêtes estivales du Japon pendant laquelle il est coutume de faire des offrandes de nourriture ou autres aux ancêtres, et de prier pour le repos de leurs âmes. Elle se déroule du 13 au 15 août et on peut à cette occasion admirer la danse folklorique appelée *Bon Odori* exécutée dans toutes les grandes cités, villes, ou villages du Japon.

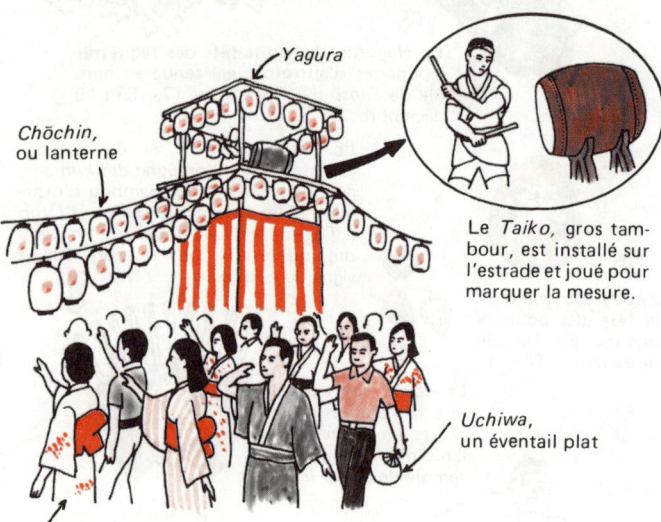

Yagura

Chōchin, ou lanterne

Le *Taiko*, gros tambour, est installé sur l'estrade et joué pour marquer la mesure.

Uchiwa, un éventail plat

Yukata, *kimono* de coton, pour les loisirs

La coutume est de dresser une estrade surélevée, appelée *Yagura*, sur la place de la ville ou du village, autour de laquelle on danse en formant un grand cercle. On danse aussi parfois en procession dans les rues de la ville, ce que l'on appelle *Nagashi*. *(Awa Odori)*

Danse Folklorique

Awaodori. Il s'agit d'un style de danse improvisée que l'on peut admirer dans la préf. de Tokushima de Shikoku, et que l'on compare souvent au carnaval de Rio. Pendant le jour, on peut voir une danse plus lente, appelée *Nagashi,* tandis que la nuit fait place à une danse beaucoup plus entraînante et rapide appelée *Zomeki.*

Sugegasa, ou chapeau de laiche

Udenuki, ou brassard

Tenugui, ou serviette

Yukata

Hiyorigeta, ou *geta* basses pour les jours sans pluie

Kedashi, ou jupon décoratif

Shirotabi, ou *tabi* blancs

Danses "bon odori" très connues:

Kankō Odori (Isé)
Daimoku Odori (Kyōto)
Kisobushi (Nagano)

Le *Bon* commence avec un premier feu d'artifice, appelé *Mukaebi,* pour accueillir le retour des âmes des ancêtres sur la terre, et se termine par un second, appelé *Okuribi,* pour fêter leur départ. A Kyōto, le 16 août, un immense feu est allumé sur le Mt. *Nyoigatake,* dessinant le caractère chinois *dai* (大 signifie "grand"). On l'appelle *Daimonji-yaki.*

十二支 Jūni-shi

Jūnishi est le nom donné aux douze signes du Zodiaque oriental, associés à la date, l'heure du jour, et les directions de la rose des vents.

Jūni-shi

Le *Jūnishi* n'est plus utilisé de nos jours comme calendrier au Japon. Chacun connaît cependant le signe animal sous lequel il est né. Lorsque le signe de l'année est aussi celui sous lequel la personne est née, celle-ci est appelée *toshi-otoko* s'il s'agit d'un homme, et *toshi-onna* s'il s'agit d'une femme.

Animaux et Années

	1948	1960	1972	1984	1996
NE (Rat)					
USHI (Vache)	49	61	73	85	97
TORA (Tigre)	50	62	74	86	98
U (Lièvre)	51	63	75	87	99
TATSU (Dragon)	52	64	76	88	2000
MI (Serpent)	53	65	77	89	01
UMA (Cheval)	54	66	78	90	02
HITSUJI (Mouton)	55	67	79	91	03
SARU (Singe)	56	68	80	92	04
TORI (Coq)	57	69	81	93	05
INU (Chien)	58	70	82	94	06
I (Sanglier)	59	71	83	95	07

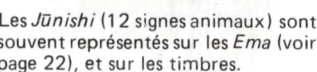

Les *Jūnishi* (12 signes animaux) sont souvent représentés sur les *Ema* (voir page 22), et sur les timbres.

鬼門

Les directions Nord-Est et Sud-Ouest, appelées *kimon* et *urakimon* respectivement, sont réputées défavorables et susceptibles de porter malheur.

七福神 Shichifuku-jin

Les *Shichifukujin*, ou les Sept Déités du Bonheur, comprennent six dieux et une déesse, dont les origines sont aussi diverses que le Shintoïsme, le Bouddhisme, le Taoïsme, ou le Brahmanisme par exemple.

Daikoku, le dieu de la richesse, est coiffé d'un bonnet et porte un gros sac rempli de trésors sur son épaule gauche, ainsi qu'un *uchidé-no-kozuchi* (maillet porte-bonheur) dans sa main droite. (Voir p.102)

Ebisu, le dieu des pêcheurs, tient un gros *tai* rouge (daurade) sous son bras gauche, ainsi qu'une canne à pêche dans sa main droite.

Fukurokuju et *Jurōjin* (les vieux dieux de la richesse et de la longévité) habitent tous deux le corps d'un vieillard à la tête allongée, tenant une canne ornée d'un *makimono* (rouleau de parchemin), et un *ōgi* (éventail).

Kisshōten

Une déesse appelée *Kisshōten*, fait parfois partie des *Shichifukujin*.

Shichifuku-jin

Bishamon, le dieu des guerriers, porte une armure et tient une petite pagode dans ses mains.

Hotei, le dieu du contentement et du bonheur, tient un gros sac et un *ōgi* (éventail). On dit qu'il est le seul mortel parmi les *Shichifuku-jin*.

Benten, la déesse de l'éloquence, de la musique et de la sagesse, joue du *biwa* (mandoline japonaise).

D'après la légende, les *Shichifuku-jin* arrivent au port sur un *takara-buné* (navire chargé de trésors) à la Saint-Sylvestre pour porter à chacun leur part de bonheur.

縁起物 — Talismans, Porte-Bonheur

Les *Engimono*, que l'on considère comme porteurs de chance, sont surtout vendus dans les petites échoppes dans l'enceinte d'un temple. On les achète dans l'espoir de faire de meilleures affaires, récoltes, ou pêches, ou pour porter bonheur.

Le *maneki-neko*, ou chat faisant signe de la patte, est réputé assurer de bonnes recettes et est une décoration traditionnelle des magasins.

Le chat fait signe de la patte pour attirer les clients et l'argent.

Au Japon lorsqu'on souhaite qu'un vœu se réalise, on achète une poupée *Daruma* dont on peint un œil seulement. Lorsque le vœu se réalise, on peint alors l'autre œil en signe de gratitude. Les candidats électoraux ont souvent de telles poupées dans leur bureau de campagne.

Les vieilles poupées sont échangées contre de nouvelles dans les temples pour prier pour une heureuse fortune au cours de l'année à venir.

uso

Cette poupée de bois a la forme d'un *uso* 鷽 (bouvreuil). Il existe un autre caractère chinois se lisant de la même façon, 嘘 *uso* (mensonge), mais signifiant mensonge et malheur. Par un jeu de mots, on dit que le bouvreuil contient tous les péchés de l'année précédente, et ces péchés sont expiés en échangeant la poupée contre une nouvelle le Jour de l'An.

L'*Uchidé-no-kozuchi*, un petit maillet d'or, symbolise la richesse et la prospérité. On dit que le secouer permet de réaliser tous ses souhaits.

Talismans, Porte-Bonheur

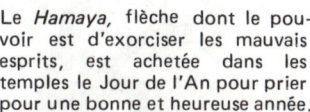

Le *Kumadé* est un râteau de bambou d'ornement, qui, dit-on, permet de ratisser la chance. On l'achète le *tori-no-ichi*. (Voir p.95)

Le *Hamaya*, flèche dont le pouvoir est d'exorciser les mauvais esprits, est achetée dans les temples le Jour de l'An pour prier pour une bonne et heureuse année.

Les *Shichifukujin*, les Sept Déités du Bonheur (voir p.101) arrivent sur un *takarabuné*, navire chargé de trésors.

L'*Inu-hariko* est un chien de papier mâché, considéré comme porteur de chance, assistant les femmes en couches, et aidant les mamans à élever leurs enfants.

Le *Wara-Uma* est un cheval de paille dont le pouvoir est d'assurer de bonnes récoltes.

L'*Akabeko*, vache ou bœuf de papier mâché rouge, est un talisman dont le pouvoir est d'éloigner le malheur.

民話の動物　Animaux Fabuleux

Source de pouvoir
Pied palmé

Le *Kappa* est un esprit des eaux, habitant les rivières. Il se caractérise par sa coiffure, appelée *okappa atama*, et une assiette remplie d'eau sur la tête. On dit que sans cette eau, le *kappa* perd ses pouvoirs. C'est une créature malicieuse, qui joue parfois des tours en tirant les chevaux dans la rivière.

Pagne en peau de tigre

Le *Ryū (Tatsu)* est un dragon ressemblant à un serpent géant, capable de voler dans le ciel et crachant du feu. Alors que le dragon symbolise le mal en Occident, au Japon au contraire, il est le dieu des nuages et de la pluie et l'un des douze signes du zodiaque.

Le *Kaminari*, dieu du tonnerre, est habillé d'un pagne en peau de tigre, et chevauche les nuages en tapant sur un tambour. Les parents japonais disent souvent à leurs enfants de faire attention à leur nombril, car le *Kaminari* viendra le leur voler s'ils le mettent trop en avant.

Animaux Fabuleux

Cornes

L'*Oni* est une sorte de lutin dévorant les humains. Il a des cornes sur le front et des crocs dans la bouche, et est vêtu d'un pagne seulement. Au Japon, l'*Oni* est une figure familière des contes populaires comme celui de *Momotarō*, le héro qui s'en alla battre l'*Oni*, accompagné d'un faisan, d'un singe et d'un chien. L'*Oni* apparaît dans de nombreuses légendes.

Le *Tengu* est aussi un lutin, vivant dans les montagnes et ressemblant à un humain. Il a un long nez et deux ailes lui permettant de voler dans le ciel. L'expression *tengu-ni-naru* (devenir *tengu*) signifie se vanter de ses exploits et de ses capacités.

Long nez

Ailes

Le *Kitsuné* est un renard, animal considéré comme surnaturel au Japon. Il est encore vénéré dans l'*Inari Shinkō*, une vieille religion populaire.

占い | Bonne Aventure

Il existe de nombreuses méthodes de prédiction pratiquées au Japon, dont les plus populaires sont l'astrologie, la chiromancie et le *ninsō uranai*, ou physiognomonie, c'est-à-dire la prédiction faite d'après l'étude de la physionomie de la personne. On peut voir les *ekisha*, ou diseurs de bonne aventure, dans la rue assis derrière leur petite table à la lueur d'une lanterne la nuit.

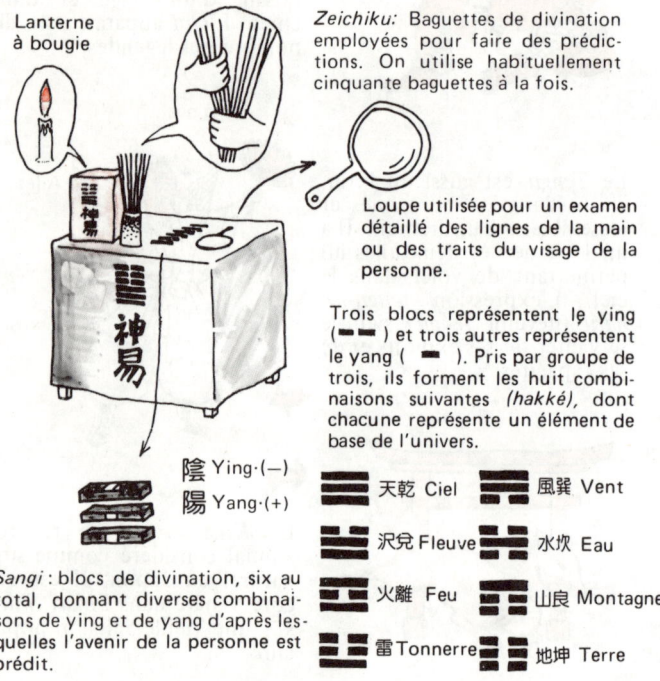

Lanterne à bougie

Zeichiku: Baguettes de divination employées pour faire des prédictions. On utilise habituellement cinquante baguettes à la fois.

Loupe utilisée pour un examen détaillé des lignes de la main ou des traits du visage de la personne.

Trois blocs représentent le ying (▬ ▬) et trois autres représentent le yang (▬). Pris par groupe de trois, ils forment les huit combinaisons suivantes *(hakké)*, dont chacune représente un élément de base de l'univers.

陰 Ying·(−)
陽 Yang·(+)

Sangi: blocs de divination, six au total, donnant diverses combinaisons de ying et de yang d'après lesquelles l'avenir de la personne est prédit.

天乾 Ciel
沢兌 Fleuve
火離 Feu
雷 Tonnerre
風巽 Vent
水坎 Eau
山艮 Montagne
地坤 Terre

Bonne Aventure

La chiromancie et la physiognomonie sont couramment pratiquées en Occident, en particulier pour analyser le caractère ou les aptitudes d'une personne. En Orient, toutefois, on les pratique surtout pour prédire le destin de la personne.

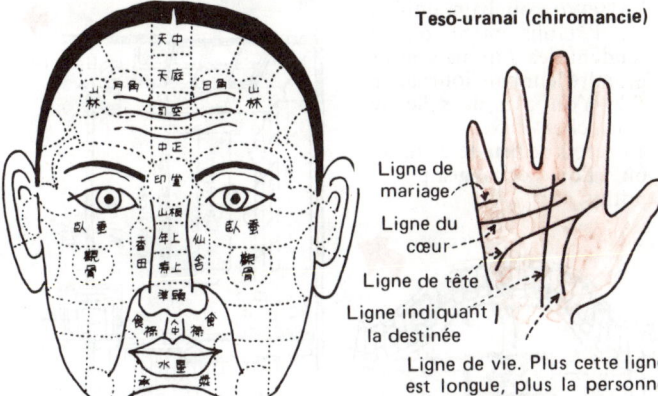

Tesō-uranai (chiromancie)

Ligne de mariage
Ligne du cœur
Ligne de tête
Ligne indiquant la destinée
Ligne de vie. Plus cette ligne est longue, plus la personne vivra longtemps.

Ninsō-uranai (physiognomonie)

Autres méthodes de prédiction

Geta-uranai: méthode de prévision du temps. Une *geta*, sandale de bois, est lancée en l'air, et le temps est prédit suivant la manière dont elle tombe.

Prédiction du sexe de l'enfant à naître en utilisant une pièce de cinq yens.

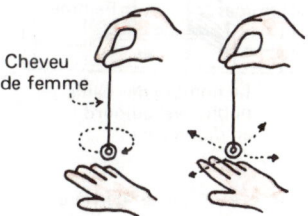

Le bébé sera une fille. Le bébé sera un garçon.

銭湯 Bains Publics

Le *sentō*, ou bain public, est l'établissement où se rendent les Japonais pour prendre leur bain journalier s'ils n'ont pas de salle de bain chez eux. Il servait autrefois de lieu de réunion où l'on échangeait les potins.

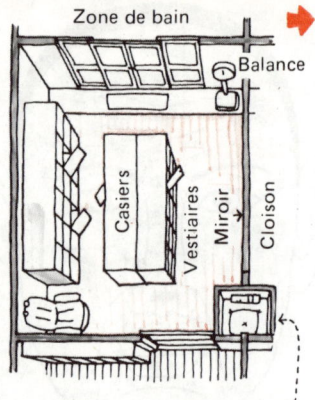

Bandai: (employé de service)

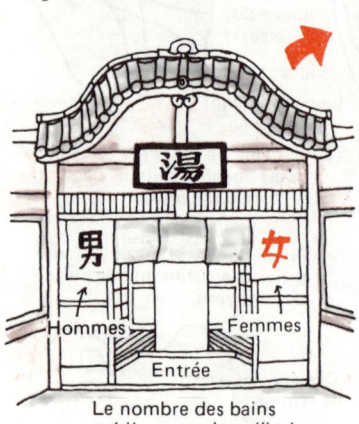

Le nombre des bains publics est aujourd'hui en diminution.

Après être passé derrière le rideau à l'entrée principale du *sentō*, vous verrez deux entrées, l'une réservée aux hommes, l'autre aux femmes.

Enlevez vos chaussures et mettez les dans l'un des casiers prévus à cet effet. Prenez ensuite la bonne entrée et payez l'employé assis derrière le comptoir surélevé, dominant les vestiaires pour hommes et pour femmes. Une fois dans le vestiaire, enlevez vos vêtements, puis passez dans la zone de bain, sans oublier de prendre vos savon, gant de toilette, etc. Vous pouvez laisser vos vêtements dans l'un des casiers.

Bains Publics

Le mur derrière le bain lui-même est habituellement décoré d'une peinture d'un paysage typiquement japonais. Le Mont Fuji par exemple est très souvent représenté.

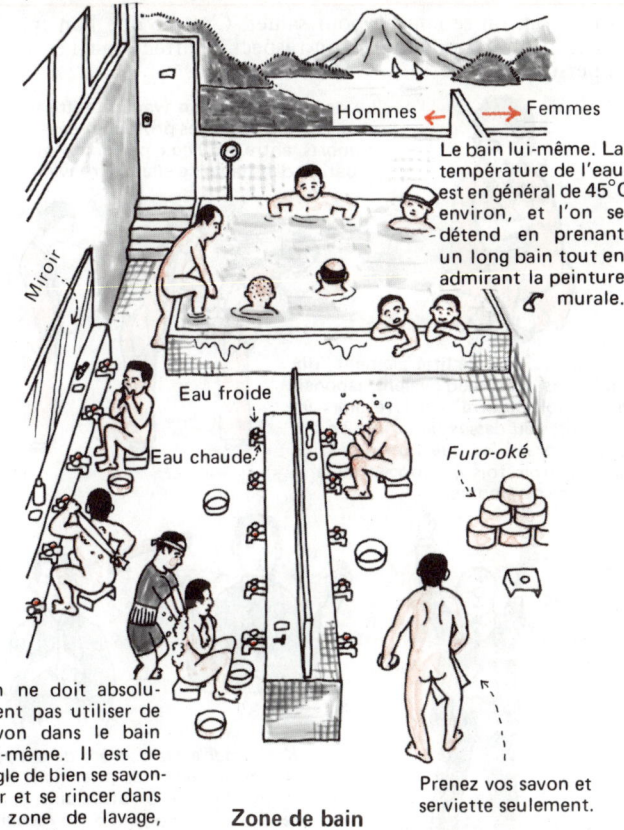

Hommes ← → Femmes

Le bain lui-même. La température de l'eau est en général de 45°C environ, et l'on se détend en prenant un long bain tout en admirant la peinture murale.

Miroir

Eau froide
Eau chaude

Furo-oké

Zone de bain

On ne doit absolument pas utiliser de savon dans le bain lui-même. Il est de règle de bien se savonner et se rincer dans la zone de lavage, avant d'entrer dans le bain.

Prenez vos savon et serviette seulement.

挨拶・ジェスチャー | Salutations & Mimiques

Au Japon, on se courbe pour saluer. C'est ce que l'on appelle *Ojigi*, et on exprime ainsi son respect ou affection à l'égard de la personne saluée.

Le degré d'inclinaison (variant entre une inclinaison légère et très profonde) dépend des rapports entre les deux personnes et de la situation dans laquelle elles se trouvent.

Banzai, qui signifie littéralement "dix mille ans", est l'équivalent japonais d'un triple hourra. On lève alors les deux bras au-dessus de la tête en criant *"Banzai"*, ce que l'on répète en général trois fois à l'apogée ou à la fin d'une cérémonie.

Kashiwadé est la manière de battre des mains avant de prier dans un temple *Shintō*. On attire ainsi l'attention des dieux, et l'on se recueille pour prier.

Salutations & Mimiques

Tejimé vient de *kashiwadé*. On bat alors dix fois des mains suivant un rythme de 3-3-3-1. C'est ce que l'on appelle *ippon-jimé*. Lorsqu'on applaudit ainsi trois fois de suite, ce type d'applaudissement est appelé *sanbon-jimé*.

Le *tejimé* est exécuté à la fin de cérémonies ou de réunions pour clore joyeusement les festivités.

SHAN SHAN SHAN!

Mimiques souvent utilisées par les Japonais

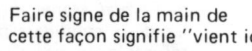

oidé oidé

Faire signe de la main de cette façon signifie "vient ici".

Un cercle formé par le pouce et l'index signifie "argent".

Deux personnes joignent leur petit doigt de cette façon pour faire une promesse solennelle.

Le geste de se couper le cou signifie "être renvoyé".

Kubi (renvoyé)

Si on prenait un verre!

Ma petite amie

Moi?

Mimique utilisée pour compter:

Pour indiquer un nombre:

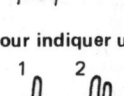 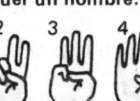 

結婚式 — Cérémonie de Mariage

Outre les mariages d'amour appelés *ren-ai*, il existe au Japon des mariages arrangés appelés *omiai*. Pour de tels mariages, une attention particulière est portée sur le milieu social et culturel des deux familles. La personne qui arrange la rencontre est le *nakōdo*.

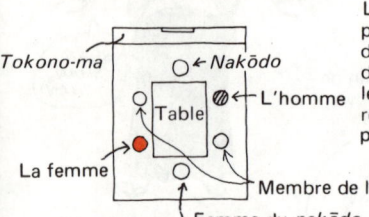

L'homme et la femme échangent au préalable des photos et des lettres d'introduction, avant de convenir de l'*omiai*. Même après un tel *omiai*, les deux candidats peuvent chacun refuser le mariage, s'ils ne se plaisent pas.

L'*Yuinō* est la cérémonie d'échange des cadeaux de fiançailles. Un ensemble d'objets, symboles de bonheur, est échangé entre les deux familles.

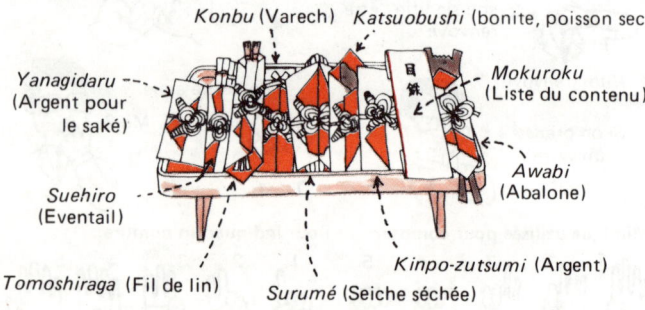

Les Neuf Objets Porte-Bonheur de l'Yuinō

Cérémonie de Mariage

La cérémonie du mariage peut se dérouler suivant trois rites religieux différents: *Shintō*, Bouddhiste et Chrétien. Le type de cérémonie religieuse choisi n'est pas nécessairement celui de la religion des mariés.

Uchikaké: Sorte de surtout porté sur le *kimono*

Tsuno-kakushi, lit. dessus pour cornes, est une coiffe, qui est supposée cacher les cornes de jalousie de la mariée.

Un prêtre *Shintō* conduit la cérémonie comprenant la purification, les serments et l'échange des alliances.

Montsuki & Hakama (Voir p.57)

San-san-kudo est la cérémonie au cours de laquelle des coupes de *saké* sont échangées comme un serment de mariage. La cérémonie débute avec une petite coupe et se termine avec une plus grande.

chōshi

sanbō

trois fois trois

San-san-kudo

Cérémonie de Mariage

La réception est généralement tenue après la cérémonie religieuse.

Les invités donnent leur nom au bureau de réception, et remettent une enveloppe spéciale appelée *Shūgibukuro*, contenant de l'argent donné en cadeau de mariage.

Le *Shūgi-bukuro* est entouré de cordes de papier or et argent qu'il est impossible de dénouer, symbolisant une union éternelle.

La mariée change de tenue deux ou trois fois au cours de la réception. Cette pratique est appelée *oironaoshi*. L'ordre de changement de tenue le plus couramment suivi est: *Uchikaké* (long surtout porté sur le *kimono*) — *Furisodé* (*kimono* à manches longues) — robe de style occidental. De nos jours, le marié change aussi parfois de tenue.

La coupe du gâteau de mariage est l'un des temps forts de la cérémonie.

Nakōdo

L'ordre dans lequel sont assis les invités dépend de leur âge, position sociale et de leurs liens avec les mariés. Plus l'invité se trouve assis près de la table des mariés, plus il s'agit d'un invité important. Les parents des mariés sont assis au fond de la salle de réception.

じゃんけん　Jan-ken

Il s'agit d'un jeu extrêmement simple départageant rapidement un gagnant et un perdant et c'est le premier jeu qu'apprennent les enfants japonais. Ne nécessitant aucun équipement particulier, on le joue partout au Japon quel que soit le temps ou l'heure. Dans les situations où on jouerait en Europe à pile ou face, les Japonais, eux, jouent à *Janken*.

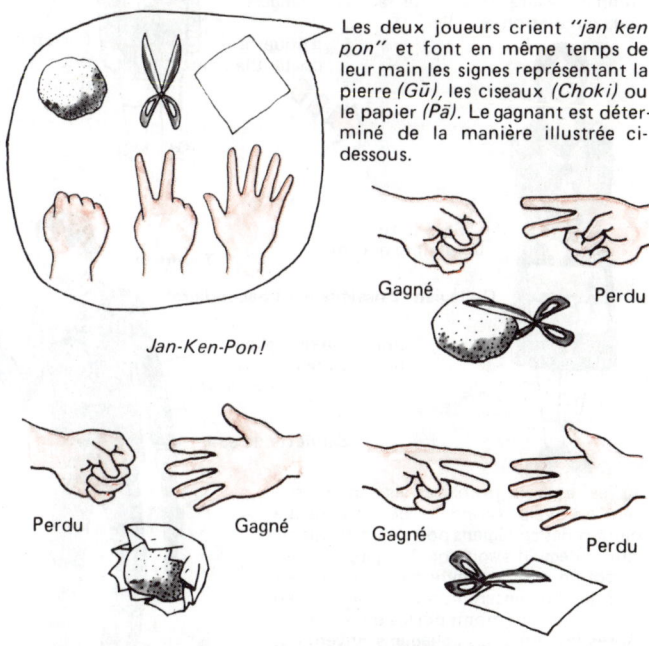

Les deux joueurs crient *"jan ken pon"* et font en même temps de leur main les signes représentant la pierre *(Gū)*, les ciseaux *(Choki)* ou le papier *(Pā)*. Le gagnant est déterminé de la manière illustrée ci-dessous.

Jan-Ken-Pon!

CISEAUX, PAPIER, PIERRE

学生　Etudiants

Ecoliers (Enseignement Primaire)

Les enfants japonais vont à l'école primaire dès qu'ils atteignent l'âge de sept ans et la fréquentent pendant six années. La plupart des écoles n'ont pas d'uniforme, mais certaines d'entre elles font maintenant porter aux écoliers des chapeaux ou casquettes jaunes, comme mesure de sécurité face aux dangers de la circulation en ville.

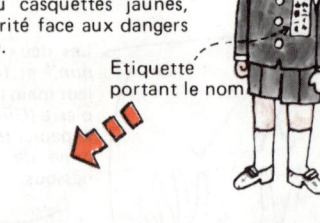

Etiquette portant le nom

Cartable pour les livres, etc.

Sērā-fuku (ensemble marin)

Collégien (Enseignement Secondaire)

Tsumé-eri

Uniforme du collège noir ou bleu marine

Serviette de cuir

Après le cycle primaire, les écoliers suivent un cycle secondaire de trois ans. La plupart des collégiens porte l'uniforme de leur collège. Il s'agit pour les garçons d'un uniforme noir, de style militaire, et pour les filles d'un ensemble marin noir ou bleu marine. Ils sont moins portés de nos jours. Après les cours, les collégiens suivent des activités sportives ou de club.

Lycéens et l'Enfer des Examens

Les années de collège sont suivies de trois années de lycée. Les étudiants de terminale sont obligés de bûcher sans relâche pour préparer leur examen d'entrée à l'université. Les parents n'hésitent devant aucune dépense pour assurer leur admission dans la meilleure université possible.

Furé —! Furé —!
(Hourra! Hip, Hip,
Hip, Hourra!)

Etudiants

Les cours préparatoires à la licence durent quatre années et les étudiants se spécialisent dans une ou plusieurs matières de leur choix. La plupart des étudiants cependant étudie peu, préférant plutôt savourer les bons côtés de la vie estudiantine. Lors de rencontres sportives entre plusieurs universités, le groupe de supporters habituel est toujours présent, mais l'influence américaine est visible avec le nombre croissant des "pompons girls".

サラリーマン Salaryman

L'expression *"salaryman"*, inventée au Japon, désigne tous les employés de bureau, les cols blancs, ceux qui occupent généralement des postes administratifs dans les entreprises privées. Ce sont ces hommes qui sont à l'origine du remarquable succès économique du Japon.

Cheveux courts avec raie sur le côté — le style *shichi-san*

70% des diplômés d'université deviennent des *salarymen*.

Chemise blanche ou de couleur unie

Cravatte, partie indispensable de l'uniforme

Porte-document contenant des outils vitaux — le calepin et le calculateur électronique.

Journaux — les sports et la finance

Revenu annuel moyen en 1984:
¥5.000.000 (approx.)
Argent de poche:
¥50.000 (approx.)
par mois y-compris le restaurant à midi.

M. Le Salaryman Moyen

Kit de Survie du Salaryman

Meishi ou carte de visite. Elle établit l'identité du *salaryman*. L'échange de cartes de visite est de règle lorsque l'on rencontre quelqu'un pour la première fois.

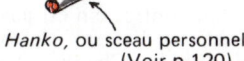

Hanko, ou sceau personnel
(Voir p.120)

Calculateur électronique. Produits à la chaîne, bon marché, ils sont devenus l'un des symboles du Japon moderne.

Cartes bancaires et cartes de crédit

Crayons, stylos

Lecteur de cassettes de poche avec une cassette anglaise. Le *Salaryman* qui ne parle pas anglais, est considéré avoir un esprit insuffisamment ouvert sur le monde.

Calepin pour noter l'emploi du temps, adresses, numéros de téléphone, etc. L'étiquette veut que l'on prenne toujours des notes au cours d'une réunion d'affaires.

Banque de données du *Salaryman*: des revues professionnelles aux revues de pin up.

はんこ　Sceau Personnel

Au Japon, le *hanko*, ou sceau personnel, possède la même valeur juridique que la signature dans d'autres pays. Une signature écrite au contraire n'est pas reconnue par la loi. Les entreprises, associations diverses, tout comme les particuliers ont tous leur propre *hanko*. Chaque adulte a deux ou trois *hanko*, dont l'un est officiellement enregistré et appelé *jitsu-in*.

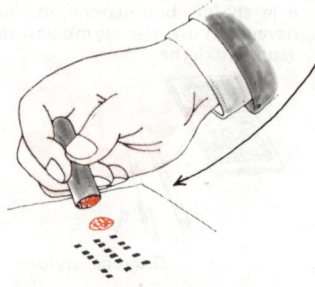

Le *hanko* est utilisé à la place d'une signature.

Le *mitomé-in*, appelé parfois *sanmon-ban*, est utilisé pour approuver mémorandum et autres documents au bureau ou à la maison.

Le *Jitsu-in*, est utilisé pour apposer son sceau sur des contrats et autres documents juridiques. Ce *Jitsu-in* est officiellement enregistré à la mairie de quartier.

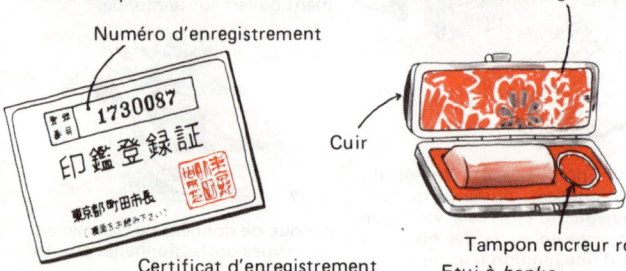

Numéro d'enregistrement

Certificat d'enregistrement

Doublure de soie en argent ou or

Cuir

Tampon encreur rouge

Etui à *hanko*

巡査・交番 — Agent & Poste de Police

Le Japon est réputé être l'un des pays les plus sûrs du monde en raison de son faible taux de criminalité. On trouve un *kōban*, ou poste de police, dans chaque quartier. Les agents, appelés *omawarisan,* combattent le crime, mais aident aussi les gens à trouver une adresse ou des objets perdus.

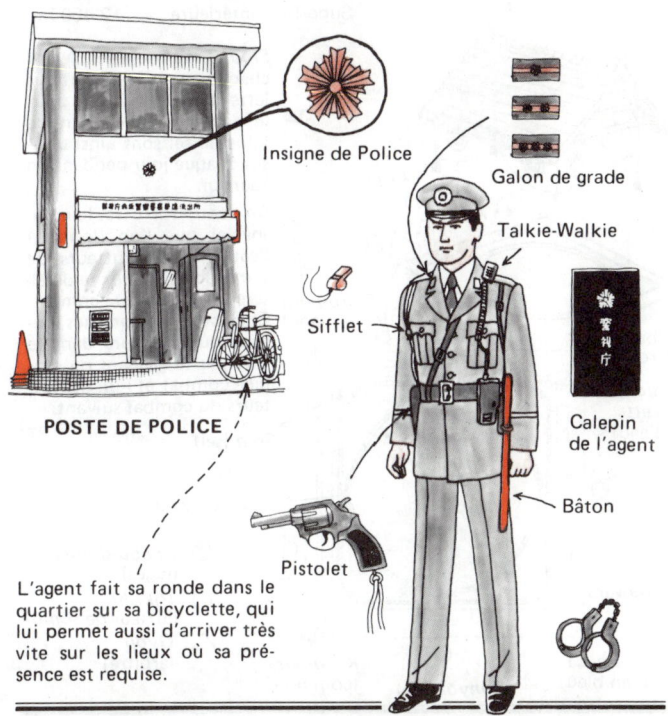

Insigne de Police

Galon de grade

Talkie-Walkie

Sifflet

Calepin de l'agent

POSTE DE POLICE

Pistolet

Bâton

L'agent fait sa ronde dans le quartier sur sa bicyclette, qui lui permet aussi d'arriver très vite sur les lieux où sa présence est requise.

大相撲　Ō-zumō

Le *Sumō*, ou lutte japonaise, est un sport national aussi populaire que le baseball. Il s'agit aussi d'un sport de professionnels. Les rites cérémoniels anciens conjugués à la puissance extraordinaire des lutteurs en font un spectacle unique et fascinant.

Shin-Kokugikan (stade de *sumō*)

Nombre de places	: 11.098
Superficie totale	: 35.700 m²
Superficie intérieure	: 12.400 m²

Shioiré, ou bac à sel. Avant chaque combat, le lutteur jette du sel sur le ring pour le purifier. Environ trente kilos de sel sont ainsi utilisés chaque jour pendant un tournoi.

Chikaramizu. C'est le nom spécial que l'on donne à l'eau que les lutteurs de *sumō* boivent pour se désaltérer avant chaque combat. Elle est servie dans des louches aux lutteurs dans le ring par le gagnant du dernier combat et l'un des lutteurs du combat suivant.

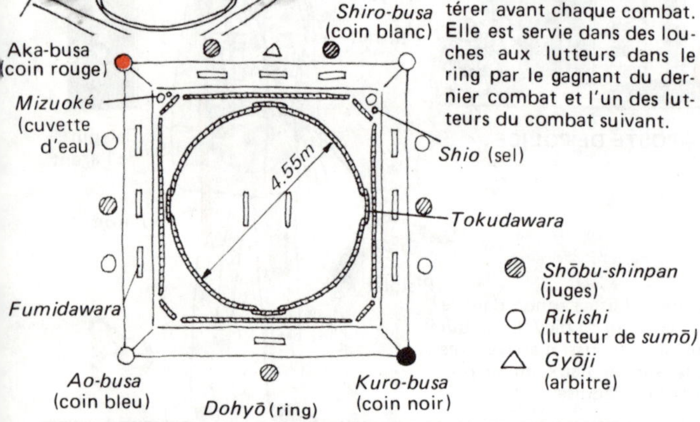

Shiro-busa (coin blanc)
Aka-busa (coin rouge)
Mizuoké (cuvette d'eau)
4,55m
Shio (sel)
Tokudawara
Fumidawara
Ao-busa (coin bleu)
Dohyō (ring)
Kuro-busa (coin noir)

◎ *Shōbu-shinpan* (juges)
○ *Rikishi* (lutteur de *sumō*)
△ *Gyōji* (arbitre)

Ō-zumō

Signification des mimiques du lutteur

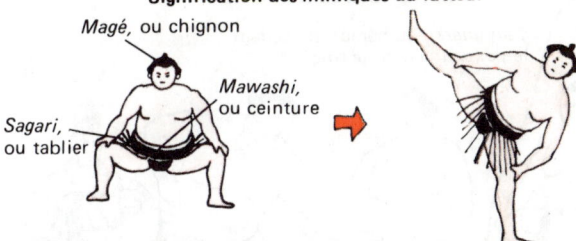

Magé, ou chignon
Mawashi, ou ceinture
Sagari, ou tablier

Sonkyo. Cette position accroupie était autrefois un signe de respect à l'égard de ses supérieurs.

Shiko. Le lutteur lève une jambe très haut pour frapper ensuite le sol avec force, écrasant symboliquement les mauvais esprits qui pourraient encore rôder sur le ring.

Chirichōzu, ou *chiri*. Le lutteur tape des mains deux fois et étend ensuite ses bras, les paumes de ses mains bien visibles pour montrer qu'il ne cache aucune arme.

Shikiri

Les lutteurs se font face, accroupis sur leurs marques et se fixent, chacun essayant d'intimider l'autre. Ils répètent ce rituel plusieurs fois, avec ceux consistant à frapper le sol d'une jambe et à jeter du sel dans le ring.

Règles de base: le gagnant est celui qui parvient le premier à faire sortir son adversaire du ring ou lui faire toucher le sol (à l'intérieur ou en dehors du ring) de n'importe quelle partie du corps, sauf la plante du pied.

Principales prises décisives

Yorikiri   *Oshidashi*   *Uwatenagé*

Ō-zumō

CEREMONIES DE SUMO

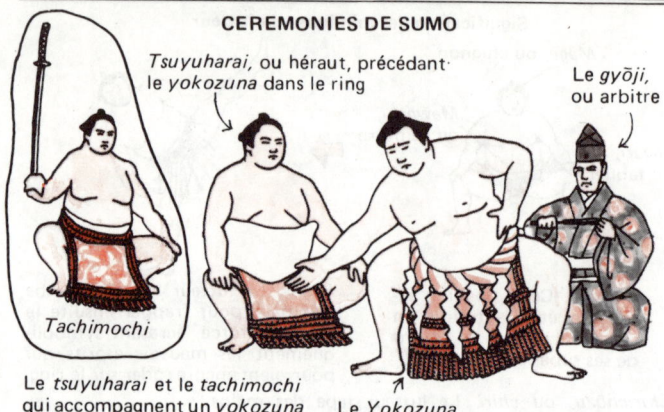

Le *tsuyuharai* et le *tachimochi* qui accompagnent un *yokozuna* lorsqu'il exécute le *dohyō-iri*, sont habituellement des lutteurs *makuuchi* du même *heya* (club) que le *yokozuna*.

Le *Yokozuna* ou grand champion
Keshō-mawashi, ou tablier de cérémonie

Dohyōiri. Au cours de cette cérémonie qui se déroule avant chaque tournoi, les *yokozuna* pénètrent dans le ring un par un, accompagnés de leur héraut *(tsuyuharai)* et du porteur de sabre *(tachimochi)*, et donnent une représentation spéciale suivant un rituel propre au *sumō*.

Yumitori, ou danse à l'arc. Cette cérémonie se tient à la fin d'un tournoi une fois tous les combats terminés. Elle est accomplie pour purifier le ring et est habituellement exécutée par un lutteur de la division *makushita* ou une division inférieure.

Ō-zumō

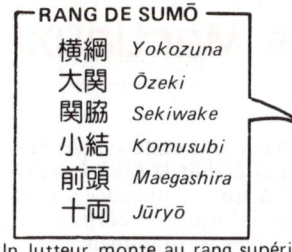

RANG DE SUMŌ

横綱	Yokozuna
大関	Ōzeki
関脇	Sekiwake
小結	Komusubi
前頭	Maegashira
十両	Jūryō

Les lutteurs de *sumō* appartiennent tous à un même club d'entraînement appelé *heya*, et un lutteur ne combat jamais un autre lutteur du même club.

Le *Yokozuna* est le plus haut rang que peut atteindre un lutteur et même s'il subit un *makekoshi* (huit défaites ou plus) dans un tournoi, son titre ne peut pas lui être enlevé. Toutefois, le *yokozuna* se retire toujours du ring dès que ses combats ne sont plus à la hauteur de son rang.

Les lutteurs *Ōzeki* perdent leur titre dès qu'ils subissent deux *makekoshi* successives.

Un lutteur monte au rang supérieur s'il remporte huit ou plus des quinze combats constituant le tournoi. Ces huit victoires sont appelées *kachikoshi*. Huit défaites ou plus sont appelées *makekoshi*.

Gunbai

La veille du tournoi, les *Yobidashi* (annonceurs) passent dans les rues du quartier, en tapant sur un *furédaiko* (tambour) pour annoncer le *basho*.

Gyōji (arbitre)

Informations

Jan. (Tournoi du Nouvel An); Mai (Tournoi d'été); Septembre (Tournoi d'automne) — **Shin-Kokugikan Sumō** Stadium
Mars (Tournoi de printemps) — *Ōsaka Furitsu Taiikukan*
Juillet (Tournoi de Nagoya) — *Aichi Kenritsu Taiikukan*
Nov. (Tournoi de Kyūshū) — *Fukuoka Kokusai Center*

武道 | Arts Martiaux

JŪDŌ

Le *Jūdō* est connu aujourd'hui dans le monde entier. Il fut fondé en 1882, lorsque *Jigorō Kanō* établit le *Kōdōkan Dōjō*. Le principe de base du *Jūdō* est "la force conjuguée à la douceur". Il s'agit d'un sport destiné à former le corps comme l'esprit, et aussi du sport le mieux connu des Japonais.

(A)

払腰   *Harai-goshi*

(B)

上四方固 *Kamishihō-gatamé*

Techniques de base

A) *Tachiwaza,* ou technique en position debout consistant à faire tomber l'adversaire d'une position debout.

B) *Osaekomiwaza,* ou *Newaza* consistant à immobiliser l'adversaire au sol.

C) *Kansetsuwaza,* consistant à immobiliser l'adversaire en effectuant une prise sur l'une de ses articulations.

(C)

腕挫十字固 *Udehishigi-jūji-gatamé*

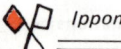 *Ippon!*

Dans une compétition, le combat est remporté en jetant l'adversaire au sol ou en l'immobilisant en utilisant l'une des techniques décrites ci-dessus.

KARATÉ

On pense que le *Karaté* a été développé à l'origine comme une méthode d'attaque et de défense par les habitants d'Okinawa, à qui il fut interdit à une époque de porter des armes. Il est généralement considéré comme un sport extrêmement agressif, malgré la maxime du célèbre maître *Gichin Funakoshi* selon laquelle "il n'y a pas de premier coup dans le *karaté*".

Coup de poing avant à hauteur moyenne
Chūdan zuki

Coup de défense du tranchant de la main
Shutō-uké

Coup de pied de côté
Yoko-geri

La pratique du *karaté* par deux personnes ou plus est appelée *kumité*, ou entraînement, alors que la pratique par une seule personne face à un adversaire imaginaire est appelée *kata* (exercices de forme).

Un *kata*, dans lequel les mouvements d'attaque et de défense s'enchaînent les uns à la suite des autres pour ne former qu'un tout.

KENDŌ

Le *Kendō* est le plus ancien des arts martiaux. Il concrétise l'habileté dans le maniement du sabre démontrée par les *samuraï* conjuguée à leurs conceptions philosophiques de la vie. C'est aujourd'hui un sport populaire, pratiqué avec des sabres de bambou et une tenue de protection, et considéré comme une discipline du corps et de l'esprit.

Tenue de Kendō

Le vainqueur du combat est celui qui parvient à frapper le masque *(men)*, le bras *(koté)* ou le corps *(dō)* de l'adversaire, en combinant judicieusement sa force (à la fois physique et spirituelle), sa posture et la position de son sabre.

Arts Martiaux

AÏKIDŌ

L'Aïkidō a été fondé par *Morihei Ueshiba*. L'accent est surtout sur l'aspect spirituel de la discipline, et on l'a appelé pour cette raison *"zen* en mouvement" (voir p.66).

Tout en étant un art martial, *l'Aïkidō* ne se base pas uniquement sur une technique. C'est aussi une méthode de respiration et de méditation et un moyen pour "retrouver l'énergie de l'univers".

Les mouvements d'*Aïkidō* rappellent ceux du *Buyō*, la danse classique japonaise.

Ki, ou "force vitale" émane des doigts du praticien.

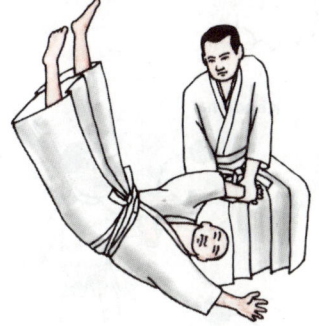

L'adversaire est jeté au sol lorsque l'esprit se manifeste sous forme de force physique.

Shihō-nagé, l'une des techniques de base

子供の遊び Jeux d'Enfants

Les jeux d'enfants passent vite de mode, et ceux décrits ci-après ne sont plus guère joués de nos jours. Les adultes cependant parlent toujours avec nostalgie de ces jeux de leur jeunesse.

Menko

Le *Menko* est un jeu de cartes épaisses, portant des figures. Le premier joueur pose sa carte sur le sol et le second essaie de la retourner en jetant à son tour sa carte dessus. S'il y parvient, il remporte la carte de son adversaire.

Bīdama

Kendama

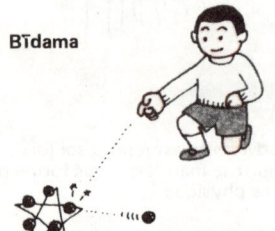

Les *bīdama* sont des billes de verre coloré comme celles que l'on voit en Europe. Les règles du jeu sont semblables à celles du billard.

Jeux d'Enfants

Otedama

L'*otedama* est un jeu dans lequel l'enfant jongle avec plusieurs petits sacs de tissu contenant des *azuki* (haricots rouges), tout en chantant une chanson.

Origami

L'*origami* consiste à plier habilement des carrés de papier pour faire des animaux, poupées, bateaux, etc., sans utiliser ciseaux ni colle.

Grue

Ayatori

L'*ayatori* est la version japonaise du jeu des figures que l'on forme entre ses doigts avec de la ficelle. L'enfant peut jouer seul ou avec un camarade, chacun reprenant la figure formée par l'autre entre ses doigts.

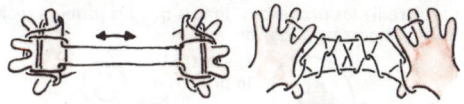

S'étire comme du caoutchouc   Echelle à 4 échelons

Koma
(Toupie)

Hanetsuki
(Semblable au badminton)

Koma et *Hanetsuki*: voir p. 82.

かるた・百人一首　Jeux de Cartes

Les Japonais ont leur propre version des jeux de cartes et cartes de tarot que l'on trouve en Europe. Parmi les plus populaires, citons l'*Irohagaruta*, le *Hanafuda* et le *Hyakunin-isshu*.

● **Irohagaruta**

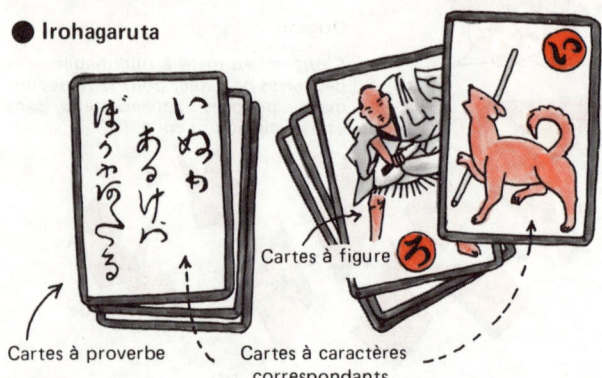

Cartes à proverbe　　Cartes à figure　　Cartes à caractères correspondants

L'*Irohagaruta* consiste de deux paquets de 48 cartes chacun. Les cartes du premier paquet portent chacune un proverbe ou un dicton différent, commençant par une lettre de l'alphabet japonais, et les cartes du second portent des figures représentant ces proverbes. Les cartes à figures sont étalées et l'arbitre lit les proverbes, tandis que les joueurs recherchent la carte avec la figure correspondante.

Boulette (= Pudding) plutôt que Fleur de Cerisier (= Eloge)

L'arbitre lit le proverbe.

Les joueurs tentent de trouver la carte à la figure correspondante.

Jeux de Cartes

● Hyakunin-isshu

Dans le *Hyakunin-isshu,* les cartes portent chacune un poème différent, écrit par l'un des cent poètes traditionnels japonais les plus connus. Le jeu se joue de manière similaire à celle de l'*Irohagaruta*.

● Hanafuda

Le *Hanafuda* se compose de 48 cartes, chacune avec une fleur particulière représentant l'un des douze mois de l'année. Comme dans le 21 ou le poker, on peut aussi y parier de l'argent.

Janvier (pin) — Février (prunier) — Mars (cerisier) — Avril (glycine) — Mai (iris) — Juin (pivoine)

Juillet (trèfle) — Août (eulalia) — Septembre (chrysanthème) — Octobre (érable) — Novembre (saule) — Décembre (paulownia)

パチンコ　　Pachinko

Une machine de *pachinko* est une sorte de flipper vertical. C'est un jeu d'argent peu coûteux, à la portée de tous, et qui est aussi très populaire. On y joue seul.

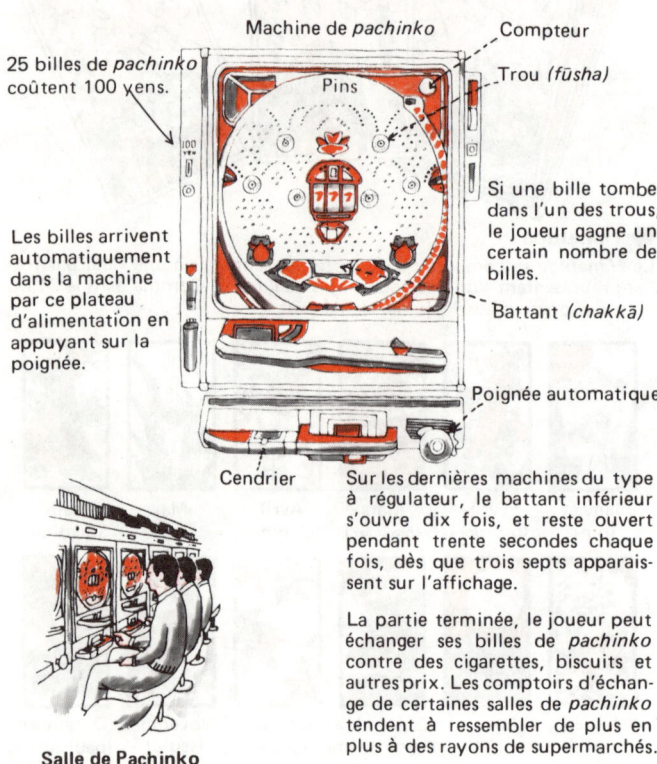

Machine de *pachinko*

Compteur

25 billes de *pachinko* coûtent 100 yens.

Trou *(fūsha)*

Pins

Si une bille tombe dans l'un des trous, le joueur gagne un certain nombre de billes.

Les billes arrivent automatiquement dans la machine par ce plateau d'alimentation en appuyant sur la poignée.

Battant *(chakkā)*

Poignée automatique

Cendrier

Salle de Pachinko

Sur les dernières machines du type à régulateur, le battant inférieur s'ouvre dix fois, et reste ouvert pendant trente secondes chaque fois, dès que trois sept apparaissent sur l'affichage.

La partie terminée, le joueur peut échanger ses billes de *pachinko* contre des cigarettes, biscuits et autres prix. Les comptoirs d'échange de certaines salles de *pachinko* tendent à ressembler de plus en plus à des rayons de supermarchés.

麻雀　　Mahjong

Le Mahjong, d'origine chinoise, est apparu au Japon dans les années vingt. C'est un jeu qui se joue à quatre avec des dominos. Le gagnant est celui qui parvient à avoir un jeu complet en groupant ses dominos suivant certaines combinaisons.

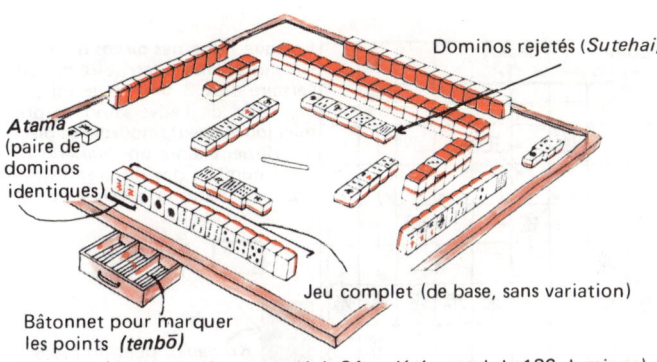

Dominos rejetés *(Sutehai)*
Atama (paire de dominos identiques)
Jeu complet (de base, sans variation)
Bâtonnet pour marquer les points *(tenbō)*

Dominos (quatre de chaque variété, 34 variétés, total de 136 dominos)

Caractères *(Manzu-hai)*
Bambous *(Sōzu-hai)*
Cercles *(Pinzu-hai)*
Est *(ton)*
Sud *(nan)*
Ouest *(shā)*
Nord *(pei)*
Vents *(kaze-hai)*
Dragon blanc *(haku)*
Dragon vert *(hatsu)*
Dragon rouge *(chun)*

Chaque joueur joue avec 13 dominos. Il les prend, puis en rejette, pour finir avec 14 dominos qu'il doit combiner en quatre groupes de trois, plus une paire pour compléter son jeu. Les 3 dominos peuvent être 3 de la même variété *(Chii)* ou une suite de 3 de la même série *(pon)*.

On peut voir des salles de Mahjong *(Jansō)* dans toutes les villes du Japon.

将棋 Shōgi

Le *Shōgi* ressemble au jeu d'échecs joué en Europe, dans lequel le joueur parvenant à faire échec au roi de l'adversaire gagne la partie. Le *shōgi* n'a pas de reine, mais des pièces "*kin*" (or) et "*gin*" (argent). Il existe une autre différence: dans le *shōgi*, un joueur peut se servir des pièces qu'il a prises à l'adversaire dans son propre jeu.

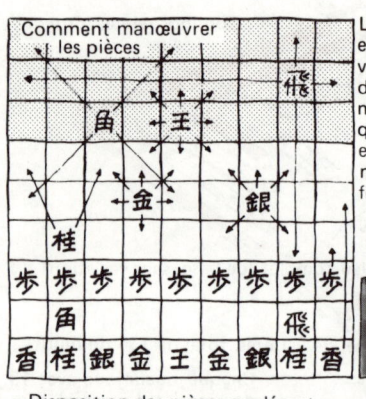

Disposition des pièces au départ

Lorsque l'une des pièces d'un joueur entre dans le territoire de l'adversaire (les 3 premières rangées des cases de l'adversaire), le premier joueur peut retourner sa pièce, qui devient alors un "*narigoma*", et le nombre des différentes manœuvres que la pièce peut effectuer augmente.

☐ = Territoire de l'adversaire

Komadai: pour les pièces prises à l'adversaire, mais non encore utilisées par le joueur qui les a capturées.

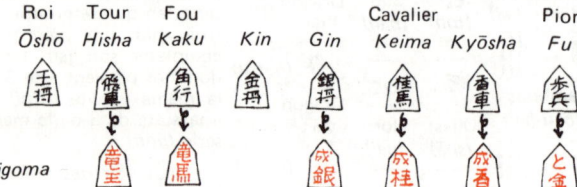

囲碁   Igo

Le *Go*, ou *igo*, se joue à deux avec des pierres rondes de couleur noire et blanche respectivement. Chaque joueur place à son tour ses pierres sur un damier dont les cases sont tracées par 19 lignes sur 19 lignes. Les pierres ne sont pas placées dans ces cases mais aux intersections desdites lignes. Le but du jeu est de s'emparer d'un territoire plus étendu que celui de l'adversaire.

Le jeu comporte un système de handicap, appliqué lorsqu'un des joueurs est meilleur que l'autre, que l'on appelle *Teaiwari*.

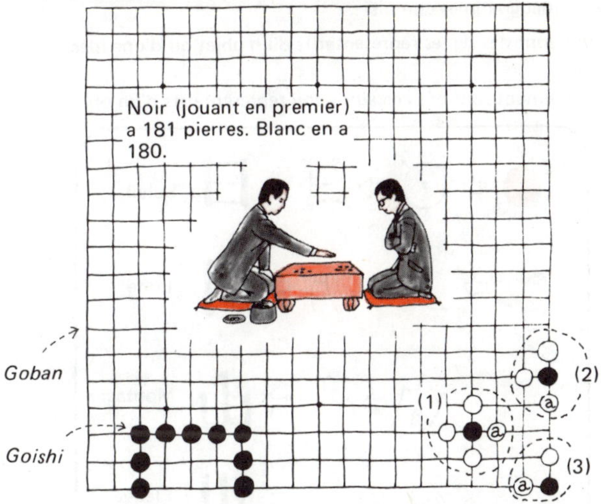

Noir (jouant en premier) a 181 pierres. Blanc en a 180.

Goban

Goishi

Evaluation du territoire. On l'effectue en comptant le nombre total des intersections entourées par les pierres d'un joueur. Dans l'illustration, il est de six.

Prise de pierres. Dans les exemples 1, 2 et 3 à droite, si Blanc place sa prochaine pierre sur la position 'a', la pierre de Noir est alors prise et enlevée du damier.

日本文字 — Caractères Japonais

La langue japonaise fait partie de la famille des langues altaïques, et elle comprend de nombreux mots que l'on retrouve aussi dans les langues coréenne et chinoise. Sa syntaxe est cependant tout à fait différente de celle du chinois.

Le japonais s'écrit en utilisant des idéogrammes chinois combinés à deux syllabaires appelés *hiragana* et *katakana*. Les idéogrammes chinois, ou *kanji*, ont chacun une signification particulière, alors que le *hiragana* et le *katakana* représentent des sons seulement. Voici quelques exemples:

- *Kanji* (idéogrammes chinois)

Les *kanji* sont des signes représentatifs d'un objet ou d'une idée.

Comment sont nés certains *kanji* représentatifs d'un objet

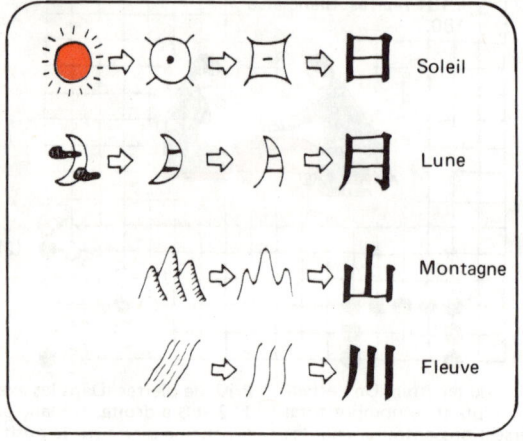

Caractères Japonais

Comment des *kanji* sont combinés pour former des mots :

自 + 動 + 車 = 自動車
Automatique + mouvement + roue = voiture

時 + 計 = 時計
Temps + mesure = horloge

- Idéogrammes représentatifs d'une idée

口 ⇨ 上 au-dessus
日 ⇨ 中 au centre
口 ⇨ 下 au-dessous

- Le syllabaire appelé *hiragana* est né de l'écriture cursive des *kanji*.

安 → 安 → あ a
以 → 以 → い i
宇 → 宇 → う u
衣 → む → え é

- Le syllabaire appelé *katakana* provient de certaines parties de *kanji*.

阿 → 阝 → ア a
伊 → イ → イ i
宇 → ウ → ウ u
江 → エ → エ é

米・味噌・醬油 — Riz, Miso & Sauce de Soja

■ **Riz (Komé)**

La nourriture de base des Japonais est le riz. Etant donné que c'est aussi l'ingrédient de base du *miso* et du vinaigre, il représente un élément essentiel de la vie japonaise.

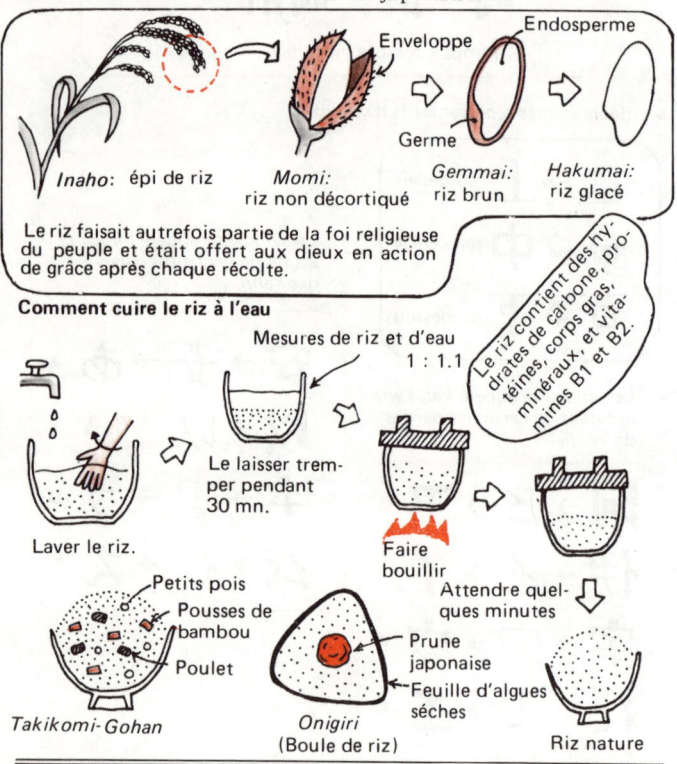

Inaho: épi de riz — *Momi*: riz non décortiqué — *Gemmai*: riz brun — *Hakumai*: riz glacé

Le riz faisait autrefois partie de la foi religieuse du peuple et était offert aux dieux en action de grâce après chaque récolte.

Comment cuire le riz à l'eau

Mesures de riz et d'eau 1 : 1.1

Laver le riz. → Le laisser tremper pendant 30 mn. → Faire bouillir → Attendre quelques minutes → Riz nature

Le riz contient des hydrates de carbone, protéines, corps gras, minéraux, et vitamines B1 et B2.

Takikomi-Gohan: Petits pois, Pousses de bambou, Poulet

Onigiri (Boule de riz): Prune japonaise, Feuille d'algues séchées

Riz, Miso & Sauce de Soja

■ Miso et Sauce de Soja (Shōyu)

Le *miso* et la sauce de soja sont des condiments indispensables de la cuisine japonaise. Bien connus aujourd'hui à l'étranger, ils représentent pour les Japonais bien plus que de simples condiments, mais sont considérés comme des éléments essentiels à la vie.

Préparation du miso-shiru

Le *miso* est produit en faisant fermenter des graines de soja, du riz, blé, ou autres grains cuits à la vapeur et salés.

Le *shōyu* a été introduit de la Chine au Japon. Il est utilisé comme ingrédient de base dans la plupart des plats japonais.

Divers types de flacon de sauce de soja

刺身 | Poisson Cru

Le *sashimi*, ou poissons et fruits de mer crus, est un plat typiquement japonais, servi dans les restaurants et auberges *(ryokan)*. On le trempe dans de la sauce de soja avant de le déguster.

L'*Ikizukuri* est un poisson entier, habituellement une daurade *(tai)* ou carpe *(koi)*, soigneusement découpé en tranches sans le tuer, et disposé sur un lit de verdures, pour qu'il conserve un aspect naturel.

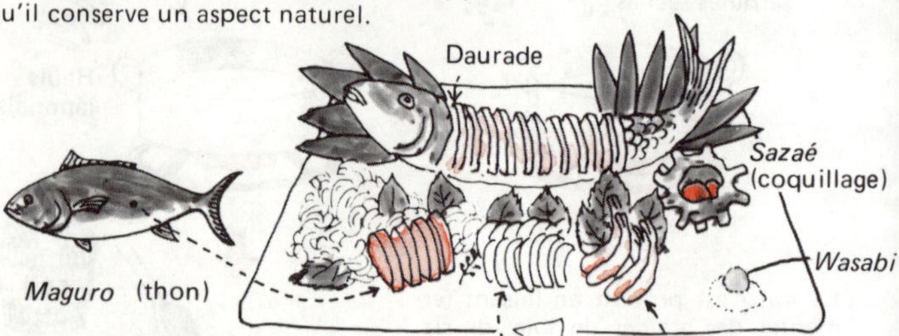

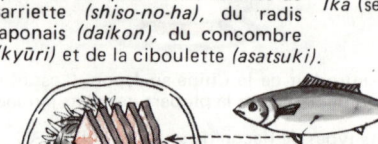

Daurade

Sazaé (coquillage)

Wasabi

Maguro (thon)

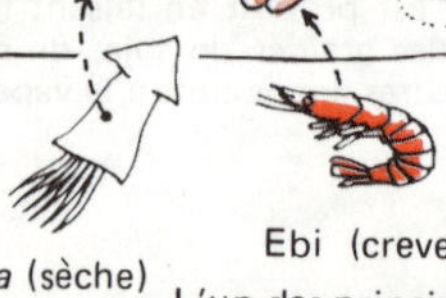

Ika (sèche)

Ebi (crevette)

Le lit de verdure accompagnant le *sashimi* est appelé *tsuma*, et est servi pour rafraîchir le palais mais aussi pour ses propriétés antiseptiques. Il comprend des feuilles de sarriette *(shiso-no-ha)*, du radis japonais *(daikon)*, du concombre *(kyūri)* et de la ciboulette *(asatsuki)*.

L'un des principaux condiments que l'on sert avec les *sashimi* et *sushi* est le raifort japonais, ou *wasabi*, une racine qui est râpée, pour donner une pâte vert pâle, d'un goût fort.

Katsuo

Le *tataki* est du poisson cru en morceau, habituellement de la bonite *(katsuo)* ou chinchard *(aji)*.

Wasabi

Aji

寿司   Sushi

Le terme *Edomaé* d'*Edomaezushi* (dit aussi *nigirizushi*) se réfère à *Edo*, l'ancien nom de Tōkyō. *Maé* signifie "en face de" et le nom est né du fait que les ingrédients pour l'*Edomaezushi* étaient pêchés dans la baie en face de la ville. Le terme *Edomaezushi* se réfère aussi à l'atmosphère unique d'un bon restaurant *sushi*, gai et animé.

Assis au comptoir, vous passez votre commande en choisissant les ingrédients présentés dans la vitrine de verre en face de vous, et le chef prépare vos *sushi* suivant vos désirs.

La meilleure façon pour les débutants de commander leurs *sushi* est de demander l'un des plats à prix fixe, appelé *matsu* ou *tokujō* (extra spécial), *také* ou *jō* (spécial), et *umé* ou *nami* (standard)*.

Vitrine de verre / **Comptoir de bois**

Les restaurants où l'on sert les *sushi*, utilisent un argot qui leur est propre. L'addition par exemple est appelée *oaiso* et non pas *kanjō*, et le thé vert est appelé *agari* et non pas *ocha* comme à l'ordinaire.

L'art de couper et de présenter les feuilles de bambou et autres, servant à la décoration du plat de *sushi*, démontre aussi l'habileté du chef.

---

* *Matsu, také, umé*: voir page 63.

Sushi

Il existe différentes sortes de *sushi*, comme l'*Edomaezushi* (appelé aussi *nigirizushi*), le *makizushi* ou *sushi* roulé, et le *Hakozushi* ou *sushi* pressé. L'*Edomaezushi* est le plus populaire dans la région du *Kantō*, tandis que le *Hakozushi* est préféré dans la région du *Kansai*. Tous les types de *sushi* utilisent un riz légèrement assaisonné de vinaigre.

Toro (Ventre de thon) *Maguro* (Thon)

Le *nigirizushi* est fait de riz pour *sushi (shari)* formé en petites bouchées, que l'on garnit d'un morceau de poisson cru, ou d'omelette sucrée *(tamago-yaki)*, etc. Cette garniture est appelée *neta*.

Ebi (Crevette) *Tamago* (Œuf)

Kohada (Semblable au maquereau) *Anago* (Congre)

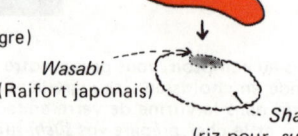

Wasabi (Raifort japonais)

Shari (riz pour *sushi*)

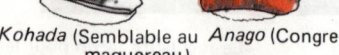

Uni (Oursin) *Ikura* (Oeufs de saumon)

Pour faire un *Hakozushi*, le riz pour *sushi* avec la garniture sont placés dans une boîte de bois rectangulaire puis pressés. On les retire ensuite de ce moule pour les couper en tranches. L'*anago* (congre), le *kani* (crabe) et le *saba* (maquereau) sont aussi utilisés comme *neta*.

Shōga ou *gari* (Gingembre)

Neta (garniture)

Nori (algues sèches)

Le *Hakozushi* préparé avec du maquereau est appelé *battera*.

Neta (garniture de dessus)

Riz

Le *Makizushi* est préparé en mettant le riz pour *sushi* et le *neta* sur une feuille de *nori* (algues sèches) et en les roulant pour former un rouleau. Divers types de *neta* sont utilisés, comme le concombre, thon ou *kampyō* (gourde sèche).

天ぷら Tempura

Le *tempura* se compose de diverses variétés de poissons, crustacés et légumes enrobés d'une pâte légère et frits à l'huile. C'est un plat très populaire que les Japonais dégustent à la maison ou au restaurant.

La pâte, ou *koromo,* est faite de farine, jaunes d'œuf et eau.

Le *tempura* est frit dans de l'huile végétale.

Les ingrédients sont enrobés de pâte.

Kisu, petit poisson blanc

Nasu, aubergine

Crevette

Shiitake, champignon

Oignon

Yakumi, condiments

Tentsuyu, le bouillon dans lequel on trempe le *tempura*

Oshinko, petits légumes macérés dans la saumure.

Un plat de *tempura*

すき焼・しゃぶしゃぶ | Sukiyaki & Shabu-shabu

Le *sukiyaki* est un plat de viande de bœuf et de légumes cuits devant vous sur la table. De fines tranches de bœuf, légumes, *tōfu*, etc., sont cuits dans un bouillon composé de sauce de soja, de vin de riz sucré et de sucre. On trempe parfois les ingrédients cuits dans un œuf cru battu avant de les déguster.

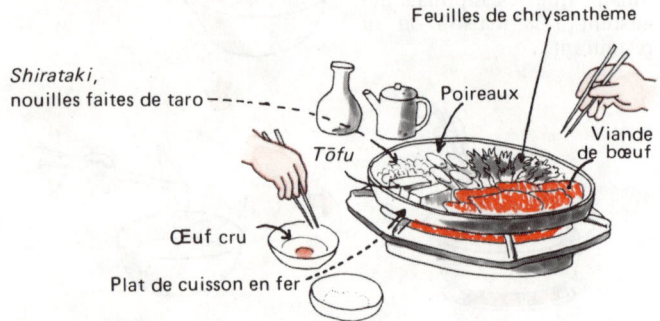

Feuilles de chrysanthème
Shirataki, nouilles faites de taro
Poireaux
Tōfu
Viande de bœuf
Œuf cru
Plat de cuisson en fer

Le *shabu-shabu*, comme le *sukiyaki*, est un plat de viande de bœuf et de légumes. Les très fines tranches de viande sont rapidement plongées dans un bouillon très chaud, puis dans une sauce spéciale avant d'être savourées. Les sauces pour *shabu-shabu* sont en général à base de sauce de soja ou graines de sésame.

Viande de bœuf
Udon, nouilles
Sauce

炉端焼 Robata-yaki

La maison traditionnelle japonaise avait autrefois un foyer carré, ou *ro*, aménagé au centre de l'une de ses pièces, autour duquel toute la famille se réunissait aux heures des repas. On a essayé, avec le restaurant *"robatayaki"*, de recréer cette atmosphère familiale.

Tōfu frit

Ayu-no-shioyaki

Poulet

Feu de charbon de bois

Légumes, etc.

Poissons d'eau douce

Les clients commandent les plats désirés et indiquent au chef comment ils doivent être cuits.

Boulettes de poulet et champignons grillés

そば・うどん・ラーメン
Pâtes (Soba & Udon)

Le *Soba* est un plat de nouilles longues et fines, de couleur marron, faites de farine de blé noir. Il existe de nombreuses recettes de *soba*, employant différents types de bouillon et modes de cuisson. Un bol de *soba* dans un restaurant ne coûte que de ¥400 à ¥800, et c'est donc un plat bon marché.

Le *Sobayu* (eau chaude ayant servi à la cuisson des nouilles) est habituellement servi avec un plat de *soba* froid comme le *mori soba*. Une fois le *soba* terminé, le *sobayu* est ajouté au reste du *tsuyu* pour en faire un bol de soupe à boire.

Tsuyu (sauce pour tremper les nouilles)

Un Plat Typique de Soba Japonais
— Mori Soba

Il n'est pas impoli au Japon de faire du bruit en aspirant les nouilles de *soba* pour les manger.

Petits pois / Œuf / Koromo / Donburi / Viande de porc / Riz cuit à la vapeur

Un plat typique de donburi est le *katsudon*: une côtelette de porc panée et frite est servie sur un bol de riz.

Les restaurants de *soba* servent aussi différentes sortes de *donburi* en plus des plats de *soba*.

Pâtes (Soba & Udon)

L'*udon* est un plat de nouilles de farine de blé, plus épaisses que celles du *soba* et blanchâtres.

Shichimi
Sept épices, comprenant du poivre rouge

Aburaagé
Sorte de *tōfu* frit, appelé *Kitsuné* (renard).

Yakumi
Oignon vert finement haché, employé comme condiment

Le *Kitsuné Udon* est un plat typique d'*udon*

Le *Rāmen* est un plat chino-japonais consistant de nouilles chinoises servies dans un bouillon de poulet chaud composé de sauce de soja, de *miso* (pâte de graines de soja fermentée) et de sel. Le *Rāmen* compte aujourd'hui parmi les plats les plus populaires au Japon.

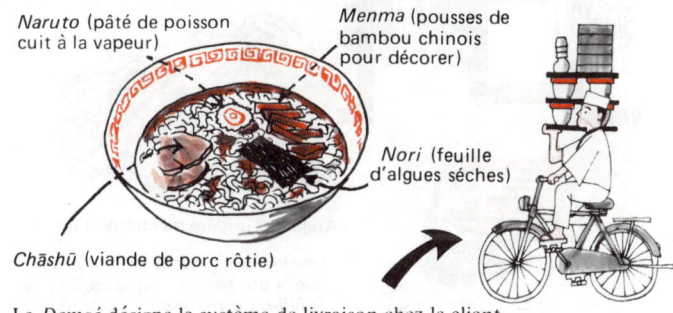

Naruto (pâté de poisson cuit à la vapeur)

Menma (pousses de bambou chinois pour décorer)

Nori (feuille d'algues séches)

Chāshū (viande de porc rôtie)

Le *Demaé* désigne le système de livraison chez le client de plats cuisinés. Les garçons de livraison devaient avoir un certain talent d'acrobate (comme illustré ci-dessus) pour délivrer les commandes. De nos jours, ils utilisent le porte-bagage de leur motocyclette pour transporter les plats.

Demaé

うなぎ・どじょう / Anguilles & Loches Grillées

■ ANGUILLES

Les anguilles sont réputées au Japon comme un mets particulièrement fortifiant, qui redonne des forces. Elles sont habituellement grillées en *Kabayaki* (brochette), et arrosées d'une sauce faite de bouillon d'anguille, de sauce de soja, de vin de riz sucré et de sucre, et sont servies sur du riz dans une boîte laquée.

Préparation de l'anguille

Anguilles grillées au charbon de bois

Unajū: Anguilles grillées servies sur du riz dans une boîte laquée, avec une sauce spéciale.

Une vieille coutume japonaise veut que l'on mange des anguilles le *Doyō-no-ushi-no-hi*, vers le 20 juillet, pour se fortifier et mieux supporter les lourdes chaleurs d'été. Dans la région du *Kansai*, les anguilles sont appelées *mamushi*, qui signifie aussi ''vipère''.

Anguilles & Loches Grillées

Konazanshō: On met toujours un peu de *sanshō* en poudre (poivre japonais) sur les *kabayaki* avant de les déguster.

Kimosui: Bouillon clair contenant le foie de l'anguille.

Servi avec l'*unajū*.

▪ LOCHES

La meilleure saison pour savourer les *dojō* (loches) s'étend de mai à juillet. On les prépare alors en *tempura* ou on les utilise dans le *Yanagawanabé*, qui est un ragoût composé d'œufs, racine de bardane et sauce de soja.

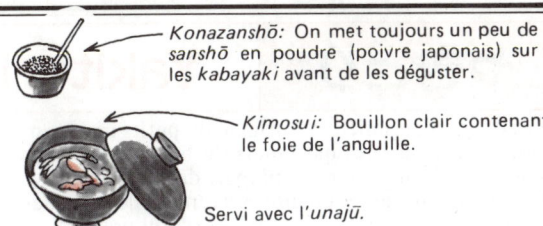

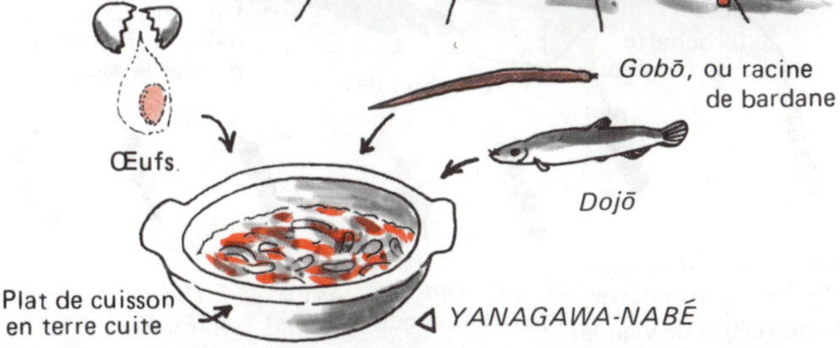

Œufs

Gobō, ou racine de bardane

Dojō

Plat de cuisson en terre cuite

◁ *YANAGAWA-NABÉ*

やきとり　Yakitori

Les *yakitori* consistaient à l'origine de petits morceaux de poulet embrochés sur des bâtonnets de bambou et cuits au charbon de bois. De nos jours, la plupart des restaurants vendant ce plat bon marché et populaire, servent également des *yakitori* faits de diverses viandes de bœuf, porc, ou poulet.

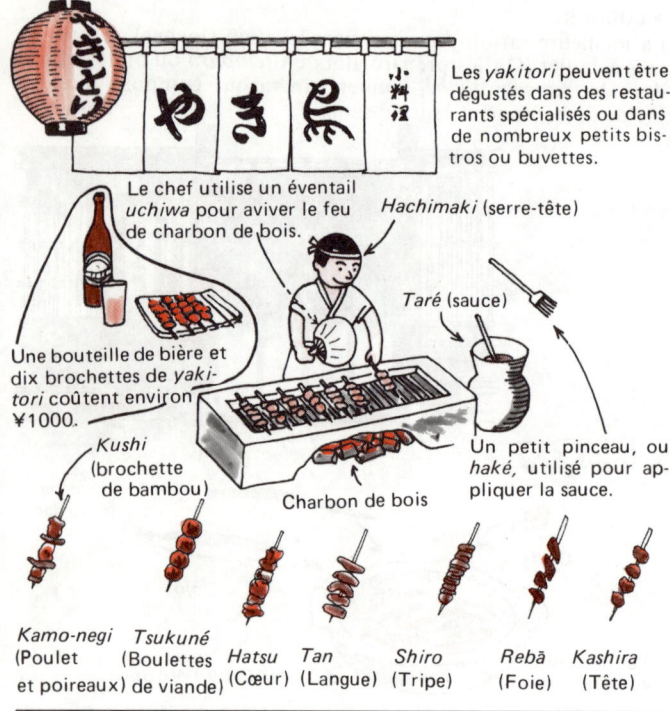

Les *yakitori* peuvent être dégustés dans des restaurants spécialisés ou dans de nombreux petits bistros ou buvettes.

Le chef utilise un éventail *uchiwa* pour aviver le feu de charbon de bois.

Hachimaki (serre-tête)

Taré (sauce)

Une bouteille de bière et dix brochettes de *yakitori* coûtent environ ¥1000.

Kushi (brochette de bambou)

Charbon de bois

Un petit pinceau, ou *haké*, utilisé pour appliquer la sauce.

Kamo-negi (Poulet et poireaux)　*Tsukuné* (Boulettes de viande)　*Hatsu* (Cœur)　*Tan* (Langue)　*Shiro* (Tripe)　*Rebā* (Foie)　*Kashira* (Tête)

おでん   Oden

L'*oden* est le nom collectif donné à divers ingrédients comme les œufs, radis japonais, pâté de poisson, *tōfu*, etc., mitonnés dans un bouillon de poisson. Souvent préparé à la maison en hiver, les Japonais le servent aussi en amuse-gueule avec de la bière et du *saké*.

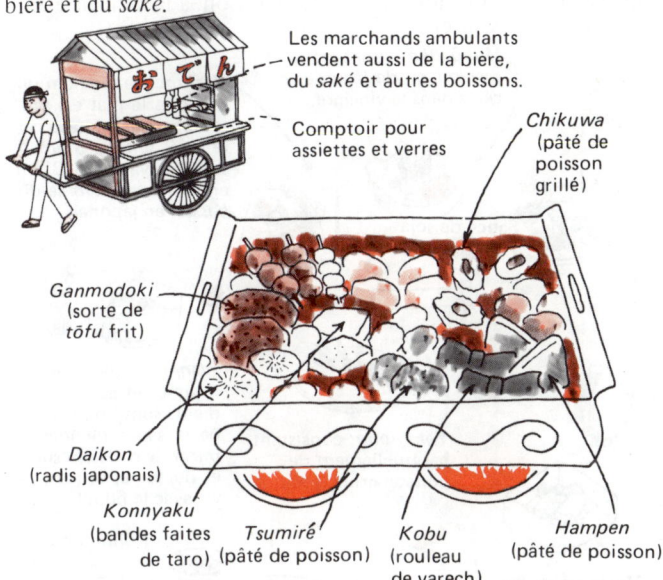

Les marchands ambulants vendent aussi de la bière, du *saké* et autres boissons.

Comptoir pour assiettes et verres

Chikuwa (pâté de poisson grillé)

Ganmodoki (sorte de *tōfu* frit)

Daikon (radis japonais)

Konnyaku (bandes faites de taro)

Tsumiré (pâté de poisson)

Kobu (rouleau de varech)

Hampen (pâté de poisson)

L'*oden* peut être savouré dans les petits restaurants et bistros japonais. Toutefois, il semble encore meilleur lorsque l'on le déguste dans la rue, préparé par l'un des nombreux *yatai*, ou marchands ambulants, que l'on voit dans les rues de la ville la nuit tombée. Essayez l'un d'eux pour goûter un aspect typique de la vie de tous les jours au Japon.

会席料理 Kaiseki-ryōri

Le *kaiseki-ryōri* est une cuisine raffinée se composant de divers plats que l'on sert spécialement à l'occasion d'une réception. Le changement des saisons est très net au Japon et se remarque dans le *kaiseki-ryōri*, étant donné que les ingrédients sont soigneusement choisis lorsqu'ils sont de saison, à la meilleure époque pour les savourer.

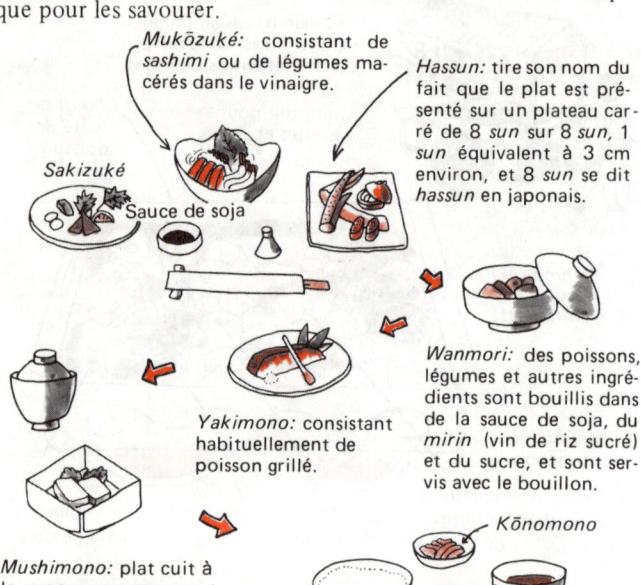

Mukōzuké: consistant de *sashimi* ou de légumes macérés dans le vinaigre.

Sakizuké

Sauce de soja

Hassun: tire son nom du fait que le plat est présenté sur un plateau carré de 8 *sun* sur 8 *sun*, 1 *sun* équivalent à 3 cm environ, et 8 *sun* se dit *hassun* en japonais.

Yakimono: consistant habituellement de poisson grillé.

Wanmori: des poissons, légumes et autres ingrédients sont bouillis dans de la sauce de soja, du *mirin* (vin de riz sucré) et du sucre, et sont servis avec le bouillon.

Mushimono: plat cuit à la vapeur se composant d'œufs, légumes, poisson, viande, etc.

Kōnomono

Miso shiru

Du riz *(meshi)*, de la soupe *miso* (*miso shiru*) et des petits légumes macérés dans la saumure *(kōnomono)* sont servis en dernier.

Kaiseki-ryōri

Outre le *kaiseki-ryōri* décrit ci-avant, il existe deux autres types de dîner raffiné, appelés *Honzen* et *Chakaiseki*, servis pour une réception. Certaines règles sont appliquées dans la préparation, la manière de servir et de déguster ces plats, et les plateaux utilisés pour les servir sont parfois les mêmes que ceux du *kaiseki-ryōri*.

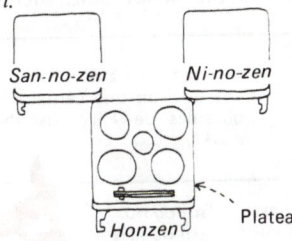

Honzen: il s'agit d'un dîner servi pour une réception sur des petits plateaux individuels sur pied. Si d'autres plats sont servis, des plateaux supplémentaires appelés *Ni-no-zen* et *San-no-zen* sont également utilisés.

Chakaiseki: il s'agit de mets délicats servis lors de la cérémonie du thé. On les présente sur un plateau sans pied, appelé *oshiki*.

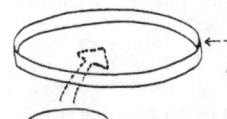

Kayoi bon: un plateau utilisé pour servir les mets

Une bouchée de riz doit être laissée dans le bol, avant de donner celui-ci pour reprendre une seconde portion de riz.

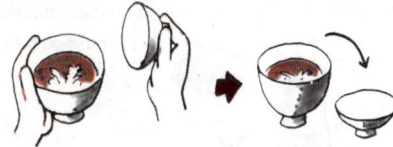

Comment enlever correctement le couvercle d'un bol.

酒 Saké

Le *saké* est produit en ajoutant le *kōji* (riz fermenté) au riz que l'on laisse ensuite fermenter. C'est un alcool clair, sucré, au bouquet léger.

Deux sacs de riz de 60 kg donnent environ une centaine de bouteilles de 1,8 ℓ *(isshōbin)* de *saké*.

La coutume appelée *kagamibiraki* est pratiquée lors de célébrations particulières, et consiste à éventrer un fût de *saké* à l'aide d'un maillet de bois et à servir le *saké* à toutes les personnes présentes.

Tsunodaru: baril de *saké* spécial pour les cérémonies

Sel

Un *masu* est une petite boîte de bois, utilisée autrefois comme mesure de volume. On l'utilise de nos jours pour boire du *saké* froid *(hiyazaké)*.

On boit à partir de ce coin.

Le *saké* est normalement chauffé à la température du corps avant de le boire, en le versant dans un flacon appelé *tokkuri* que l'on met ensuite dans de l'eau chaude. Le *saké* bu de cette manière est appelé *kan*, et on le boit habituellement dans des petites coupes appelées *choko*.

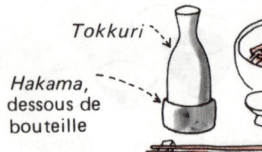

Tokkuri

Hakama, dessous de bouteille

Les amuse-gueule servis avec le *saké* sont appelés *sakana*.

Choko

On boit à partir de ce bord.

和菓子 　Pâtisserie

Les pâtisseries japonaises, ou *wagashi*, sont faites de riz ou de farine de blé, d'*azuki* (haricots) et d'agar-agar. Tous les types de *wagashi* correspondent à des célébrations du calendrier japonais.

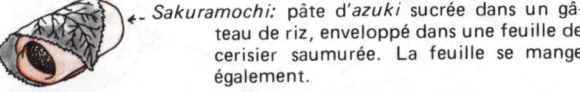
Sakuramochi: pâte d'*azuki* sucrée dans un gâteau de riz, enveloppé dans une feuille de cerisier saumurée. La feuille se mange également.

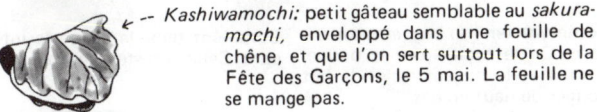
Kashiwamochi: petit gâteau semblable au *sakuramochi*, enveloppé dans une feuille de chêne, et que l'on sert surtout lors de la Fête des Garçons, le 5 mai. La feuille ne se mange pas.

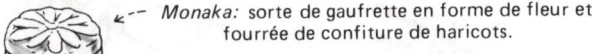
Monaka: sorte de gaufrette en forme de fleur et fourrée de confiture de haricots.

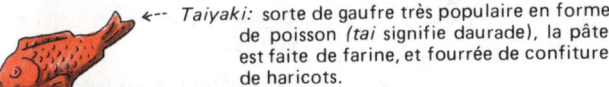
Taiyaki: sorte de gaufre très populaire en forme de poisson *(tai* signifie daurade), la pâte est faite de farine, et fourrée de confiture de haricots.

Sembei: crackers japonais faits de riz ou de farine de blé et assaisonnés de sel ou de sauce de soja. Ils sont parfois enveloppés de *nori,* ou feuille d'algues séches.

Mizuyōkan　*Shiruko*

Kuriyōkan: gelée de pâte de haricots sucrée avec des marrons.

Dango: boulettes de riz

← *Manjū*

箸・和食器 / Baguettes & Couverts

Dans la plupart des familles japonaises, chacun possède son bol de riz et ses baguettes personnelles. L'éducation des enfants commence avec le maniement correct des baguettes.

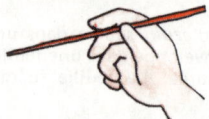
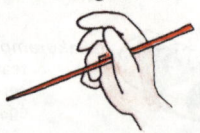

Comment tenir la baguette supérieure. On la tient entre le pouce, l'index et le majeur, et on la fait bouger de haut en bas.

Comment tenir la baguette inférieure. Celle-ci reste immobile.

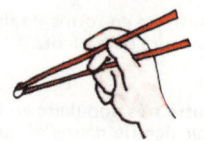
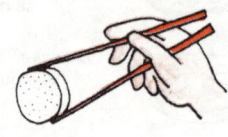

Comment prendre un petit objet.

Comment prendre un objet plus gros.

Ne plantez pas vos baguettes toutes droites dans votre bol de riz, car c'est de cette manière que l'on présente un mets en offrande aux esprits des morts sur un autel bouddhique.

Types de baguettes

Waribashi

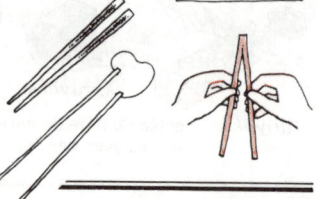

Les baguettes ne doivent jamais être serrées de cette manière dans le poing, car c'est ainsi qu'elles seraient tenues pour servir d'arme.

Baguettes & Couverts

Lorsque les couverts sont mis, le bol de riz, les baguettes et le bol de soupe sont toujours disposés comme illustré ci-dessous. On apprend aux enfants comment distinguer leur droite de leur gauche en leur disant que la main droite est celle qui tient les baguettes et que la main gauche est celle qui tient le bol de riz.

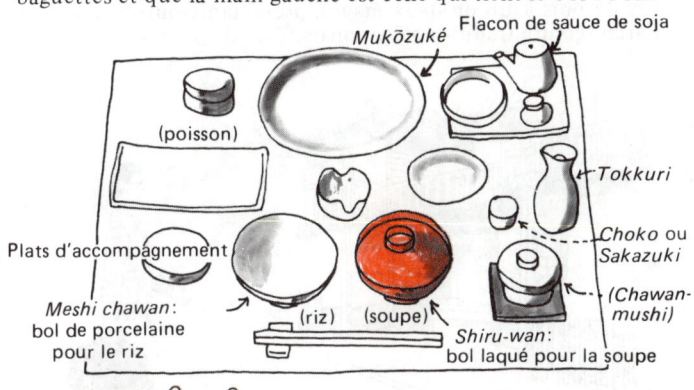

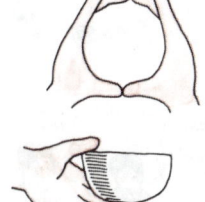

Le diamètre des bols à riz et à soupe était fixé à 12 cm environ, le diamètre du cercle formé avec les pouces et les majeurs des deux mains. On a trouvé cependant cette dimension un peu grande pour les femmes, et la plupart des bols pour femme ont un diamètre de 11,4 cm environ.

Meotojawan est le nom donné à la paire de tasses à thé destinée au mari et à la femme, la tasse du mari étant légèrement plus grande que celle de la femme. Cette différence ne signifie pas que le mari est plus important que la femme, mais plutôt que celui-ci est souvent physiquement plus grand que sa compagne.

Meotojawan

日本旅館 / Auberge Japonaise

Le *Ryokan*, ou auberge japonaise, est habituellement une maison de bois à un ou deux étages, présentant souvent un style d'architecture traditionnel japonais.

Entrée d'un ryokan typique

Le personnel habillé de *kimono* accueille en souriant les clients à l'entrée. Ceux-ci doivent enlever leurs chaussures et passer des pantoufles.

Changez vos chaussures

Auberge Japonaise

Au lieu de numéros, les chambres d'un *ryokan* portent des noms de fleurs ou d'arbres, comme par exemple "Suite Chrysanthème" ou "Suite Cerisier", etc.

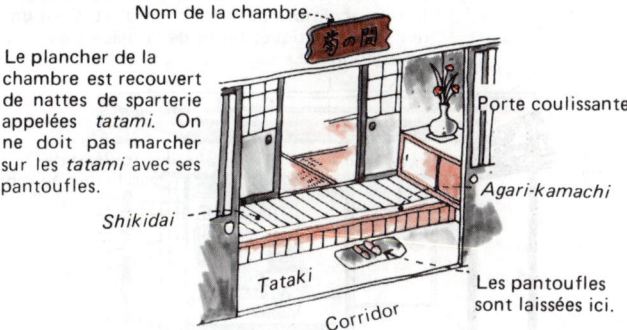

Nom de la chambre

Le plancher de la chambre est recouvert de nattes de sparterie appelées *tatami*. On ne doit pas marcher sur les *tatami* avec ses pantoufles.

Shikidai

Porte coulissante

Agari-kamachi

Tataki

Corridor

Les pantoufles sont laissées ici.

Entrée d'une chambre

Après avoir montré la chambre aux clients, la femme de chambre leur sert du thé vert et des gâteaux et leur apporte le registre qu'ils doivent signer.

Thé vert

Zaisu

Femme de chambre

Zabuton

Dans une pièce à *tatami*, on s'assoit sur des chaises sans pied *(zaisu)* et sur des coussins *(zabuton)*.

Auberge Japonaise

■ L'intérieur d'un ryokan

Tokonoma: le *tokonoma* est une alcôve aménagée dans la chambre, décorée d'un rouleau de parchemin au mur, et ornée d'une composition florale, sculpture ou autre objet d'art. C'est une des caractéristiques types de la pièce traditionnelle japonaise.

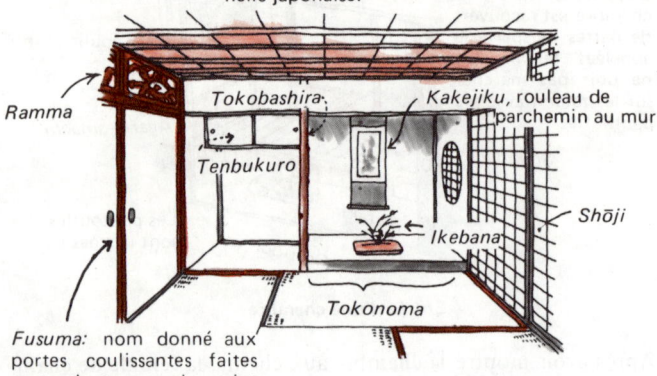

Fusuma: nom donné aux portes coulissantes faites en tendant un papier peint épais des deux côtés d'un bâti de bois.

Shōji: il s'agit de cloisons faites en tendant un papier fin sur un bâti de lattes croisées. L'ensemble obtenu est plus léger que le *fusuma,* et laisse passer une lumière diffuse.

Ramma: c'est une sorte de grille ajourée selon des motifs divers pour laisser passer l'air et la lumière.

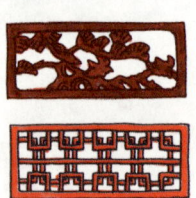

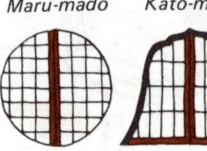

Maru-mado   *Katō-mado*   *Shitaji-mado*

Fenêtres japonaises

Auberge Japonaise

La literie traditionnelle japonaise est appelée *futon*, et comprend une sorte de matelas et des édredons que l'on étale sur les *tatami* la nuit pour dormir et que l'on range le jour. Dans un *ryokan*, c'est la tâche de la femme de chambre d'étaler les *futon* le soir et de les ranger le matin.

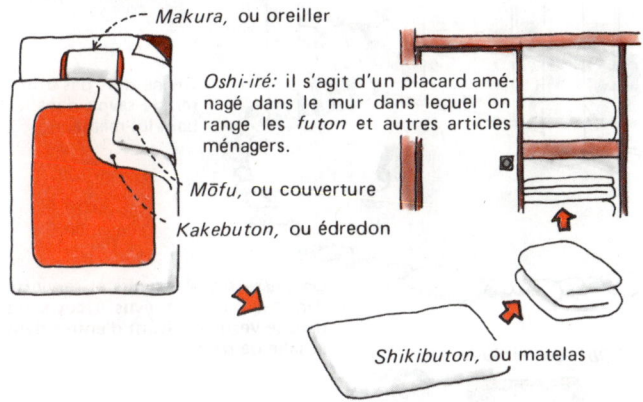

Makura, ou oreiller

Oshi-iré: il s'agit d'un placard aménagé dans le mur dans lequel on range les *futon* et autres articles ménagers.

Mōfu, ou couverture

Kakebuton, ou édredon

Shikibuton, ou matelas

Le *kotatsu* et l'*hibachi* sont utilisés en hiver pour se protéger du froid.

Le *kotatsu*, servant aussi de bureau ou de table pour les repas, est utilisé dans la plupart des foyers, comme dans les *ryokan*. C'est aussi là que se réunit toute la famille.

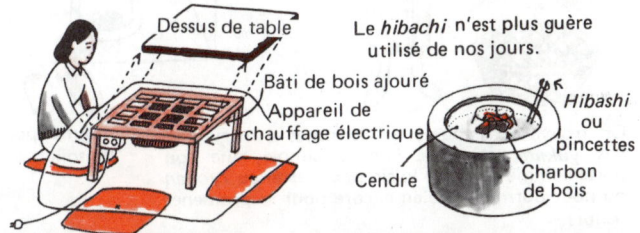

Dessus de table

Bâti de bois ajouré

Appareil de chauffage électrique

Le *hibachi* n'est plus guère utilisé de nos jours.

Hibashi ou pincettes

Cendre

Charbon de bois

Auberge Japonaise

Les *ryokan* offrent non seulement des chambres, mais aussi de belles facilités de bains. Les Japonais séjournent dans les *ryokan* pour apprécier la qualité des mets comme celle des bains, et nombreux sont les *ryokan* réputés pour leurs installations de bain luxueuses, recréant un cadre aussi naturel que possible.

On ne doit pas utiliser de savon dans le bain lui-même.

On laisse ses vêtements et serviette dans les paniers prévus à cet effet dans le vestiaire, avant d'entrer dans la salle de bain.

Obi, ou ceinture

Panier à linge

Yukata

Toilettes japonaises

Pantoufles pour les toilettes

On trouve dans toutes les chambres d'un *ryokan* des *yukata,* sorte de *kimono* simple, que l'on porte comme tenue de loisir, pour rester au *ryokan* ou pour dormir, ou bien encore pour se promener dehors.

Auberge Japonaise

Le petit déjeuner et le dîner sont compris dans le prix d'une nuit au *ryokan*. La femme de chambre sert ces deux repas dans la chambre du client.

Un petit déjeuner typique. Le *ryokan* peut aussi servir un petit déjeuner européen (toast, café, etc.) si on le demande à l'avance.

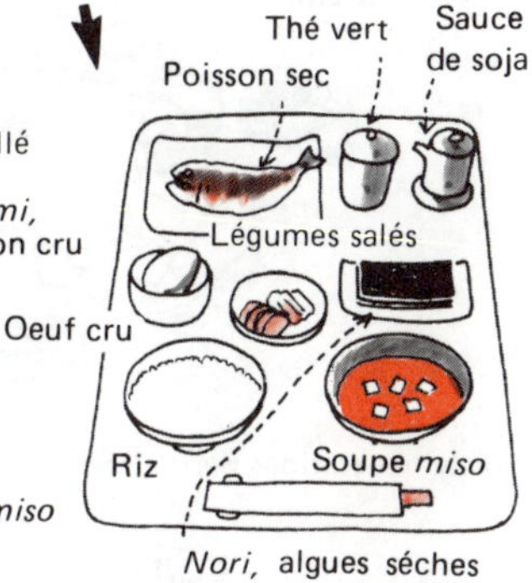

Sunomono

Tempura

Zensai, hors d'œuvre

Poisson grillé

Nimono, sorte de ragoût

Sashimi, poisson cru

Tsukemono Petits légumes salés

Soupe *miso*

Thé vert — Sauce de soja
Poisson sec
Légumes salés
Oeuf cru
Riz — Soupe *miso*
Nori, algues sèches

Le dîner au *ryokan* peut se composer de *Kaiseki-Ryōri*, de *tempura* ou de spécialités régionales. On peut commander de la bière, du *saké*, du whisky ou autres boissons séparément.

Le *chōba* est le bureau de réception où l'on règle sa note. Son style est de nos jours très occidental, et il est rare de trouver les vieux *chōba* traditionnels japonais.

Chōba-gōshi

Abaque (*soroban* en japonais)

Yado-chō

On règle sa note au *chōba* en quittant le *ryokan*. Si un pourboire est donné à la femme de chambre, celui-ci devrait être de cinq pour cent environ du total de la note.

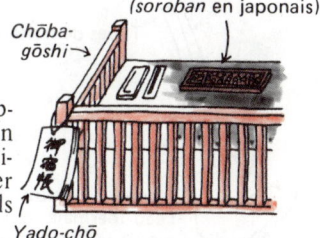

温泉 | Station Thermale

Les Japonais sont de grands amateurs de station thermale, ou *onsen*, et c'est là que nombre d'entre eux vont passer leurs vacances. On leur attribue un pouvoir de guérison de certaines maladies et de nombreuses stations thermales sont devenues des villes d'eaux célèbres.

Température: plus de 25°C

Certaines stations permettent les bains mixtes

Types de traitement thermal

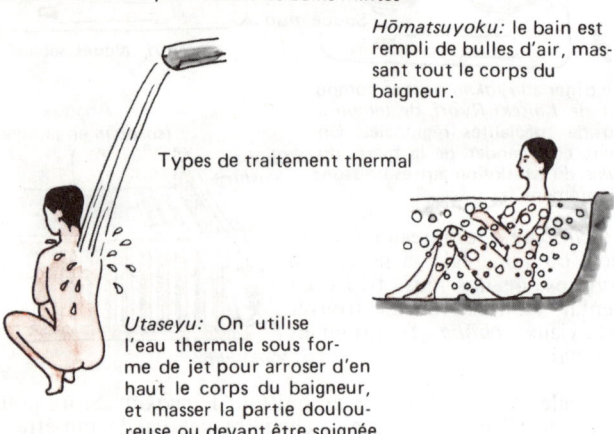

Hōmatsuyoku: le bain est rempli de bulles d'air, massant tout le corps du baigneur.

Utaseyu: On utilise l'eau thermale sous forme de jet pour arroser d'en haut le corps du baigneur, et masser la partie douloureuse ou devant être soignée.

Station Thermale

Le *rotenburo,* ou bain en plein air, est offert par de nombreuses stations japonaises. Aménagé dans un cadre naturel, à ciel ouvert, son ambiance calme et paisible garantit une détente complète.

Myōban Onsen (Préfecture d'*Ōita):* Cette station est célèbre pour son *zabonburo,* dans lequel des *zabon* (variété d'orange) sont ajoutées à l'eau du bain, augmentant son efficacité comme traitement de beauté.

Mushiburo (Goshogaké Onsen, Préfecture d'*Akita):* Semblable au sauna, dans lequel la vapeur du bain arrive par un tuyau.

Sunamushiyu (Ibusuki Onsen, Préfecture de *Kagoshima):* Le baigneur soumet son corps à la chaleur, en s'enterrant dans le sable chaud.

駅弁 Eki-ben

Ekiben est le nom donné aux boîtes-repas vendues dans les trains ou les gares dans tout le Japon. Bon marché et pratiques, elles comprennent aussi des spécialités régionales, les rendant très populaires parmi les voyageurs. Leur prix varie de cinq cent à mille yens.

Vendeur d'*eki-ben*

Thé vert dans une bouteille de plastique avec tasse. 100 yens.

Makunouchi-bentō : Il s'agit de la boîte-repas typique, vendue à l'origine dans les théâtres de *kabuki* pour permettre au public de se restaurer pendant les entractes.

Poisson cuit — Poulet — Riz — Légumes salés — Tamagoyaki — Kamaboko

Makunouchi-bentō

Un *Makunouchi-bentō* se compose des trois plats de base suivants :

- *Tamagoyaki*, omelette sucrée
- *Kamaboko*, sorte de pâté fait de poisson cuit à la vapeur
- *Sakana*, poisson cru ou cuit

Eki-ben

① *Ikameshi*, vendu à la gare de *Mori* dans l'île de *Hokkaidō*, comprenant du calmar, une spécialité de *Hokkaidō*, farci de riz.

② *Kokeshi-bentō* (Gare de *Morioka*)
Cette boîte-repas a la forme d'une poupée *kokeshi*.

Ekiben Régionaux

④ *Kamameshi* (Gare de *Yokokawa*)
Ce repas est vendu dans un bol de céramique (*Mashiko-yaki*).

③ *Impreial-bentō* (Gare de *Tōkyō*)
Une boîte-repas contenant à la fois du riz et du pain.

⑥ *Fukumeshi* (Gare de *Shin-Shimonoseki*), contenant du *fugu*, ou poisson globe, une spécialité de *Shimonoseki*. Le terme *fukumeshi* est un jeu de mots, étant donné que *fugumeshi* peut signifier "un plat de *fugu*", et que *fukumeshi* peut être traduit par "un repas joyeux".

⑤ *Hakkaku-bentō* (Gare de *Shin-Ōsaka*)
C'est un *makunouchi-bentō* vendu dans une boîte octogonale, composé de plats cuisinés à la *Kansai*.

* *Kokeshi* : voir page 53.

新幹線　Shinkansen

Le *Shinkansen*, surnommé aussi "bullet train", est le TGV des Japonais. Il fut inauguré en octobre 1964 pour coïncider avec les Jeux Olympiques de Tōkyō. La *Tōkaidō* Line fut la première ligne mise en service.

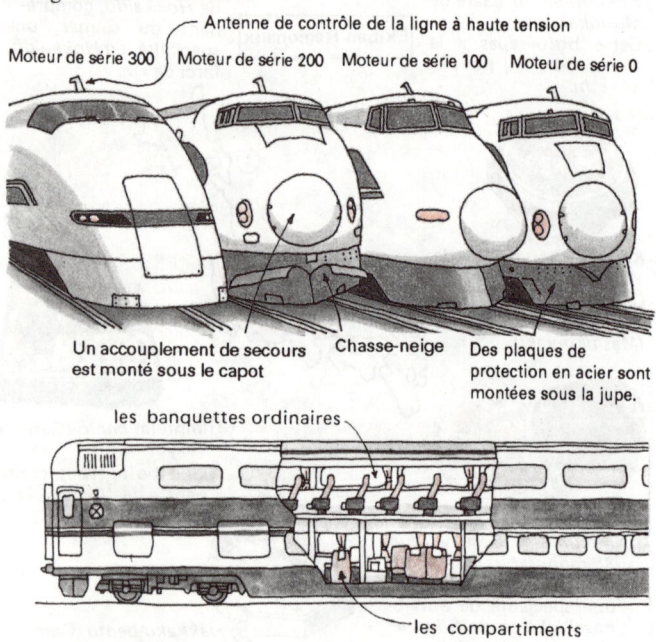

100 série moteur *Shinkansen* a deux voitures d'un étage, voiture N°8 et N°9. Le N°8 est le wagon-restaurant, la salle à manger en haut, la cuisine en bas. Le N°9 est la voiture verte (la première classe), des banquettes ordinaires en haut, des compartiments en bas.

Exemple de composition du Tōkaidō/Sanyō Shinkansen

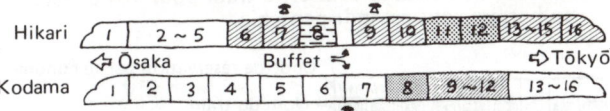

Exemple de composition du Tōhoku/Jōetsu Shinkansen

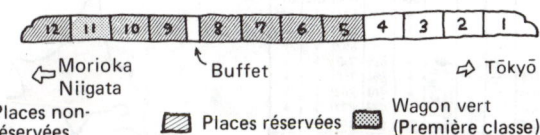

- ☐ Places non-réservées
- ▨ Places réservées
- ▦ Wagon vert (Première classe)
- 🚃 Wagon-restaurant

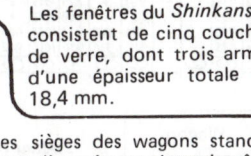

Les fenêtres du *Shinkansen* consistent de cinq couches de verre, dont trois armé, d'une épaisseur totale de 18,4 mm.

Les sièges des wagons standards sont disposés par deux du côté de la montagne et par trois du côté de la mer. Les sièges disposés par deux sont tournants ou ont des dos inclinables, alors que ceux disposés par trois ont des dos fixes.

Un compteur de vitesse se trouve dans la voiture-buffet, affichant la vitesse en km/h. Sur la *Tōkaidō* ligne, on peut voir le Mont *Fuji*.

Seuls les trains dits *hikari* ont un wagon-restaurant. Des toilettes et lavabos se trouvent dans les wagons à numéro impair. Le *Shinkansen* offre également le téléphone, vous permettant d'appeler certaines grandes villes du Japon.

Shinkansen

Les Chemins de Fer Japonais (JR) sont réputés pour leur ponctualité. Si vous désirez utiliser le train pour vos déplacements, un horaire vous est indispensable.

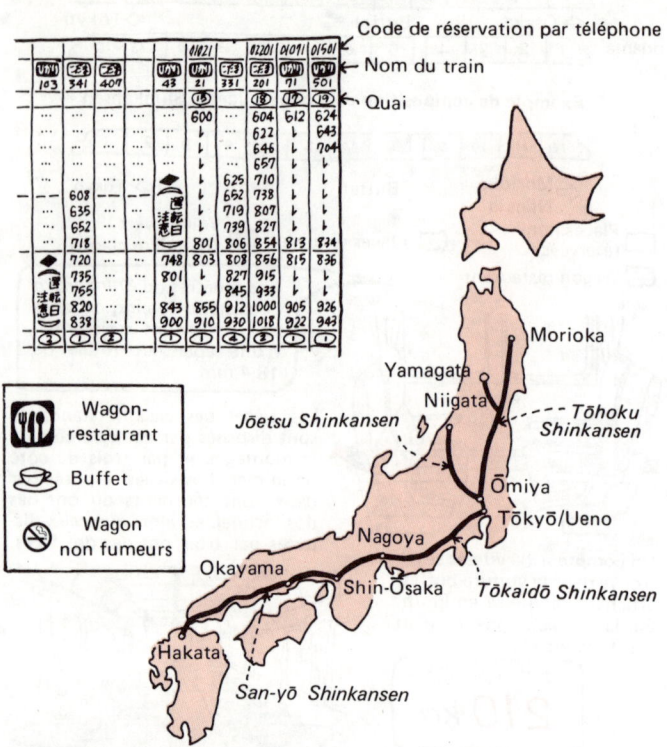

Noms des trains Shinkansen

- *Tōkaidō, Sanyō-Shinkansen*   *Hikari* (Express limité)   *Kodama* (Express)
- *Jōetsu-Shinkansen*   *Asahi* (Express limité)   *Toki* (Express)
- *Tōhoku-Shinkansen*   *Yamabiko* (Express limité)   *Aoba* (Express)

街の案内板 Panneaux Indicateurs

Les panneaux indicateurs au Japon sont naturellement en japonais, mais certains d'entre eux sont aussi en anglais. Les plus courants sont illustrés ci-dessous.

ENTREE

SORTIE

TOILETTES

SORTIE DE SECOURS

(hommes) (femmes)

RESERVATIONS
(de trains – appelé aussi *"Midori no Madoguchi"*, lit. fenêtre verte)

DEFENSE DE FUMER

TAXIS

METRO

ADULTE **ENFANT**

大人 小人

CONSIGNE AUTOMATIQUE

コインロッカー

BOITE A LETTRES

HOPITAL **DANGER**

病院 危険

付録 Supplément

TABLEAU CHRONOLOGIQUE

Année	Epoque	Evénements Historiques	Remarques
500	Epoque Yamato	· Kofun (tumulus élevé autrefois sur les tombes) · Haniwa (figurine d'argile) (p.52) · 538 — arrivée du Bouddhisme	Le Japon commence à s'unifier en tant que nation pendant les IIIe et IVe siècles. Le pays s'unifie sous le pouvoir de l'empereur.
600	Epoque Asuka	· 593 — Temple Shitennōji (p.24) · 607 — Temple Hōryūji · Epanouissement de la culture bouddhique	Sous l'influence politique de Shōtoku-Taishi, les cultures chinoise et coréenne sont introduites au Japon.
710	Epoque Nara	· Heijōkyō devient la capitale (Préfecture de Nara) · Bouddha de Tōdaiji · Syōsōin	La nation avec un pouvoir central s'épanouit. Naissance de la culture bouddhique fortement influencée par la Chine. Il existait de nombreux endroits historiques à Nara.
794	Epoque Heian	· Heian-Kyō (Kyōto) devient la capitale · De nombreuses sectes bouddhistes se forment. · 1053 — Le Byōdōin Hōōdō est construit · Shinden Zukuri (p.9) · Naissance de hiragana (p. 138) · Genji-monogatari · Laques, des objets d'art (p.41)	Pendant une période d'isolation voulue, l'aristocratie qui possédait des domaines immenses, donne naissance à une culture purement japonaise. L'hiragana se répand, et l'art littéraire se développe avec des poèmes courts et des nouvelles.
1192	Epoque Kamakura	· Kamakura Bakufu (ville de Kamakura, Préfecture de Kanagawa) · Epanouissement du Zen (p.66) · Les peintures à l'encre de Chine sont importées de Chine (p.42) · De nombreuses idoles Myō-ō et Bosatsu sont créées. (p.28) · Fabrication de nombreux Bonshō (p.29)	C'est à cette époque que la classe des samouraï commence à avoir un pouvoir politique et social. On attache une grande importance à la politesse, un esprit simple et de bon sens est respecté.

Année	Epoque	Evénements Historiques	Remarques
1393	Epoque Muromachi	· Le Noh et le Kyōgen sont perfectionnés (p.72) · Architecture Shoin-zukuri (p. 9, p. 162) · Jardin de style Karesansui (p.15) · Ikebana (p.34) · Cha-no-yu (p.30) · 1549 — Arrivée du christianisme	Kyōto, la capitale brûle pendant des combats. De nombreux aristocrates et samuraï retournent dans leur ville natale. De ce fait la culture régionale se développe, et une culture de masse s'épanouit.
1573	Epoque Azuchi-momoyama	· De nombreux châteaux sont construits (p.17) Château d'Azuchi-jō, château d'Osaka-jō. · Grâce à Sen-No-Rikyū, le Cha-no-yu se perfectionne (p.30)	C'est l'époque où Oda Nobunaga et Toyotomi Hideyoshi détiennent le pouvoir politique, et aussi celle où une culture riche et grandiose se développe.
1603	Epoque Edo	· Le Christianisme est interdit. · Le bunraku se développe (p.75) · Château de Himeji (p. 18) · (1653—1724) Chikamatsu Monzaemon (p.70) · Katsura-Rikyū (p.14) · Nikkō Tōshōgū (p.20) · Apogée du Kabuki et des Ukiyoé (p.48)	On l'appelle aussi l'époque Tokugawa. Elle dure environ 250 ans, à partir du jour où Tokugawa Ieyasu établit son gouvernement à Edo (Tōkyō).
1868	Epoque Meiji	· Ouverture du pays · Calendrier solaire · Mise en service de voies ferrées · Début de la démocratie · Première utilisation des transmissions électriques · Achèvement de la Tōkaidō Line · Importation de films	Le pays s'ouvre, avec l'établissement du capitalisme et l'introduction de la culture moderne occidentale, le rideau se lève sur une nouvelle période entièrement différente de l'époque Edo précédente.
1912	Epoque Taishō	· 1914 — 1ère Guerre Mondiale · Partis politiques à leur apogée · Littérature de masse	Le capitalisme est en pleine maturité, la démocratie bien établie.
1926	Epoque Shōwa	· Shinkansen (p. 170)	Après la fin de la seconde guerre mondiale, le Japon s'industrialise rapidement et devient l'une des premières puissances économiques mondiales.
1989	Epoque actuelle (Epoque Heisei)		

INFORMATIONS COMPLEMENTAIRES

1. Tradition et Culture

Temples bouddhiques et architecture traditionnelle

L'architecture traditionnelle japonaise trouve surtout son expression dans les temples bouddhiques. Les styles, structures, techniques utilisées autrefois s'inspirent toutes des temples bouddhiques, ce que l'on note aussi dans les constructions de temples *shintō* comme dans celles de maisons de particuliers.

On remarque une alternance des périodes pendant lesquelles l'architecture des temples bouddhiques au Japon a subi une très forte influence chinoise avec des périodes pendant lesquelles une "japonisation" de cette architecture s'est produite. Ce phénomène apparaît non seulement en architecture, mais aussi dans les arts traditionnels japonais.

C'est par la Chine et la Corée que le Bouddhisme fut introduit pour la première fois au Japon au milieu du VIe siècle. Sa propagation commença sous le règne du Prince *Shōtoku-taishi* (574 – 622) et se poursuivit ensuite sous les règnes des souverains successifs. Les constructions des temples de *Shitennōji*, d'*Hōryū-ji* et de nombreux autres temples bouddhiques en fut la première expression. Jusqu'au XIIe siècle, le Bouddhisme était surtout pratiqué par la classe dirigeante. Il se répand vite cependant pour toucher ensuite toutes les couches de la société. A la même époque, la pratique du Bouddhisme *zen* se répand également dans tout le pays.

C'est au cours des XIIe et XIIIe siècles que le *Zen* fut introduit au Japon par deux prêtres japonais, *Eisai* et *Dōgen*, qui étudiaient en Chine. Le *Zen* semblait correspondre tout à fait à la sensibilité japonaise, tant spirituelle qu'intellectuelle, et se retrouve au coeur de la culture japonaise. Il a en particulier exercé une influence considérable sur les arts présentés dans ce livre, comme le *chano-yu*, l'*ikebana*, le *budō* (arts martiaux), le *noh,* le *teien* (jardins japonais) et les arts graphiques et littéraires en général.

Zen

De manière succincte, le *Zen* peut se définir comme une discipline de méditation pour atteindre l'état idéal du salut bouddhique. On se sert de la méditation pour transcender ses désirs, tant physiques qu'émotionnels. L'une des méthodes suivies dans cette discipline est le *Zazen,* dans lequel la méditation est pratiquée en repliant ses bras et ses jambes, et en gardant un œil à moitié ouvert. La doctrine du bouddhisme *zen* trouve sans doute sa meilleure définition dans les paroles de *Daruma,* le fondateur du bouddhisme *zen,* qui l'a comparée à une "communication sans mots, expression sans lettres". En d'autres termes, la vérité n'est pas contenue dans les mots ou le savoir, mais on la découvre et on la transmet par une expérience directe. Les praticiens du *Zen* tentent donc de se débarrasser et de transcender le langage et leur propre échelle de valeurs. Les communications entre les prêtres *zen* se composent ainsi généralement de questions catéchistiques et de dogmes bouddhiques quelque peu ésotériques.

Exemple d'une Question Catéchistique

"Qu'est-ce qu'un chemin?"
"Un chemin? Un chemin est ce qui se trouve là à l'extérieur de cette clôture."
"Je ne parle pas de cette sorte de chemin. Je parle du grand chemin spirituel."
"Je vois, le grand chemin là-bas conduisant directement à la capitale."

Shintō et Temples shintoïstes

Si le *Zen* semble difficile à comprendre pour les étrangers, le *Shintō,* la religion indigène du Japon, est encore plus difficile. Ceci vient du fait que le *Shintō* n'a ni fondateur, ni crédo. Plutôt que de tenter de comprendre et de célébrer logiquement leur foi, les Japonais semblent la garder sous forme de coutumes puisant leurs racines dans l'inconscient collectif.

Le *Shintō* est une forme de culte rendu à la nature, pratiqué par les Japonais qui étaient surtout à l'origine un peuple agricole. Il comporte un nombre infini de déités. En 1870, les autorités en firent la religion nationale et on reconnut en même temps à l'empereur un caractère divin. Après la seconde guerre mondiale, les liens entre le gouvernement et la religion *Shintō* furent coupés, et chaque temple devint indépendant.

De nombreux Japonais se rendent à un temple *Shintō* après la naissance de leur enfant ou se marient suivant des rites *Shintō*. Les étudiants préparant leurs examens vont également au temple pour prier ou pour que leurs vœux se réalisent. La visite des temples *Shintō*, le Jour de l'An en particulier, est une vieille tradition. L'influence *shintō* peut se remarquer dans diverses fêtes folkloriques, et célébrations importantes au cours de l'année, comme dans les nombreux talismans et autres porte-bonheur. Aujourd'hui toutefois, plus qu'une entité religieuse ou intellectuelle, le *Shintō* est simplement un aspect traditionnel de la vie de tous les jours de la plupart des Japonais, qui ne vénèrent souvent aucun dieu en particulier.

Noh

Le *Noh* est la forme la plus ancienne de théâtre classique japonais. Il se base sur le *Sarugaku* (lit. théâtre de singe) qui se compose essentiellement d'imitations humoristiques de personnages, et fut créé à partir du *Kan-ami* et du *Ze-ami* et perfectionné au XIVe siècle. Contrairement au *Kabuki* et au *Bunraku*, théâtres de masse, le *Noh* était surtout destiné à la classe guerrière (la classe des *samurai*).

Dōjō-ji

Une femme appelée *Kiyohimé* se rend au temple, recherchant un prêtre itinérant appelé *Anchin* qui avait promis de l'épouser mais s'était ensuite enfui. Elle trouve *Anchin* caché dans la cloche du temple. Prise de passion en le revoyant, elle se transforme en serpent, et alors qu'elle s'enroule autour de la cloche du temple, celle-ci se met à fondre, tuant *Anchin*.

Kabuki

Le *Kabuki* peut se diviser en pièces historiques et en pièces de genre décrivant la vie de gens ordinaires pendant l'époque *Edo*.

Il comprend en particulier dix-huit pièces très célèbres que l'on appelle *Jūhachiban*. Nous vous présentons ci-après l'une d'elles, intitulée *Shibaraku* (voir l'illustration à la page 70).

Shibaraku

L'action se déroule dans un temple. Des bandits, qui ont déjà terrorisé le voisinage, attaquent un jeune couple venu prier au temple. Ils tentent de tuer le mari et de faire violence à la jeune femme. Au moment critique, une voix s'écrit *"shibaraku"* (un moment!), et le héro apparaît alors sur scène. Il bat bien sûr les bandits sur place.

L'histoire est très simple, mais la pièce a néanmoins toujours été très populaire, car elle comporte des temps forts comme le *Kumadori*, des costumes splendides, beaucoup d'actions, de brillants dialogues et un jeu de scène captivant.

Bunraku

Le *Bunraku* est un type de théâtre de marionnettes que l'on appelle aussi parfois *Ningyō-Jōruri*. Le développement du *Bunraku* s'est fait parallèlement à celui du *Kabuki*, et il existe des pièces similaires. Le *Bunraku* se caractérise bien sûr par les marionnettes très élaborées qui sont habituellement actionnées par trois personnes vêtues de costumes et de cagoules noires et que l'on appelle *Kuroko*. Les *Kuroko* apparaissent sur scène mais ne tiennent aucun rôle dans la pièce. La pièce est jouée par les marionnettes uniquement.

Kuroko

Les *Kuroko* apparaissent sur la scène de *Kabuki* pour aider les acteurs, et il est intéressant de noter que, par convention, le public les considère comme étant invisibles.

L'une des plus célèbres de ces pièces est l'œuvre de *Chikamatsu Monzaemon*, intitulée *Shinjū-Ten-No-Amijima*.

Shinjū-Ten-No-Amijima

Une prostituée, appelée *Koharu*, habitant à *Sonezaki*, se lie d'amour avec un client régulier du nom de *Jihei*. A la prière de la femme de celui-ci, *Osan*, *Koharu* et *Jihei* se séparent. Malgré son amour pour *Jihei*, *Koharu* accepte d'être placée chez un homme riche. Lorsqu'*Osan* apprend que *Koharu* a décidé de se suicider, elle rassemble l'argent nécessaire pour que *Jihei* lui-même puisse racheter le contrat de *Koharu*. C'est à ce moment que le père d'*Osan* arrive

> en visite. Il est dégoûté de la conduite de *Jihei* et décide de ramener *Osan* chez lui. *Jihei* emmène alors *Koharu* au temple d'*Amijima,* où ils jurent de continuer à s'aimer dans l'autre monde et se suicident ensemble.

Cette pièce fait partie du répertoire de *Bunraku* comme de celui de *Kabuki* et a même été portée à l'écran.

La pièce a pour toile de fond le *Yūkaku* (le quartier des prostituées) dont les étrangers ne comprennent pas toujours l'organisation. Le *Yūkaku* apparaît souvent dans le théâtre et la littérature japonaise. Il est expliqué ci-dessous.

Yūkaku

Le *Yūkaku* était un quartier réservé, où la prostitution était légale. (Elle fut interdite en 1958.) Une société unique s'est développée autour de ce *Yūkaku*, exerçant une grande influence sur la culture japonaise. Tout comme le théâtre, le *Yūkaku* était un endroit de divertissement. Les femmes *(Yūjo)* qui travaillaient dans le *Yūkaku* étaient en général très cultivées, musiciennes accomplies et versées dans les arts littéraires ou *Bungei.* Elles ont été dépeintes dans de nombreux arts *(ukiyoé, kabuki, bunraku)* de la Période *Edo*.

Les *Yūjo* étaient des prostituées sous contrat, jusqu'à leur émancipation (c'est-à-dire la possibilité de quitter leur profession) en 1872. Elles étaient soumises au système *Miuké*, suivant lequel il leur était impossible d'abandonner leurs activités, sauf si elles étaient capables de payer une somme d'argent très élevée. Un grand nombre de *Shinjū-Mono* des répertoires de *Bunraku* et de *Kabuki* a pour sujet ce type de situation (tragédies d'un homme et d'une femme incapables de s'aimer dans ce monde et qui décident de se suicider ensemble pour pouvoir être unis dans l'autre).

Art de Masse

Les Japonais connaissent tous plus ou moins les différents arts mentionnés ci-avant. On se doit de citer aussi le *Rakugo*, le *Naniwabushi* et le *Minyō*, constituant un art de masse que l'on retrouve dans toutes les couches de la société.

Nous vous présentons ci-dessous une courte pièce de *Rakugo*, intitulée *Toki-Soba.*

Toki-Soba

Le client d'un restaurant de *soba*, qui a été excessivement flatteur envers le personnel tout en savourant son *soba* (plat de nouilles), demande l'addition. Il déclare alors "je n'ai que de la petite monnaie". Il commence ensuite à compter: 1, 2, 3, ...7, 8 et demande "quelle heure est-il maintenant?". Le patron lui répond "Neuf", et le client continue alors de compter 10, 11, 12 ..... et roule ainsi le patron du restaurant.

Yotarō, qui a observé la scène, décide de jouer le même tour le lendemain. Il se met à compter "1, 2, ... 7, 8" et demande alors "quelle heure est-il maintenant?" "Quatre" lui répond le patron. Et *Yotarō* continue de compter "5, 6 ... " et se roule ainsi lui-même.

Tanka et Haiku

Le *Tanka* et le *Haiku*, poèmes très courts uniques au Japon, ont été présentés à la page 65 de ce livre. Une brève explication de certains concepts de base de la littérature japonaise vous est donnée ci-après. Il s'agit de ce que l'on appelle *"mono-no-awaré"*, *"wabi"* et *"sabi"*.

Mono-no-awaré

Mono se réfère à la nature, à la société, à l'environnement et à sa propre destiné, *"Awaré"* signifie le cœur qui ressent profondément les émotions. A la base de ces concepts, on retrouve l'idée que la nature et la destinée ont été prédéterminées par les dieux, et ne peuvent être changées ni influencées par les actions humaines. Cette conception a des origines mythologiques. Devant la nature, l'homme se doit tout simplement d'admirer et se repaître de sa beauté. En confrontant la nature ou en essayant de la changer, l'homme allait, pensait-on, à l'encontre de la volonté des dieux.

"Awaré" représente l'émotion profonde et forte, et est donc l'essence même de la sensibilité humaine. En comprenant *"awaré"*, on pensait que l'homme pourrait parvenir à une meilleure harmonie avec la nature, la source éternelle de toute chose.

Wabi et Sabi

Le poète le plus représentatif du Japon est *Matsuo Bashō*, qui a vécu au XVIIe siècle. Selon lui, *"l'haiku* n'est pas quelque chose d'orthodoxe, mais plutôt quelque chose de subtile et de délicat." Si on le compare au *tanka,* on peut dire que *l'haiku* tente d'exprimer les émotions ressenties de manière plus détaillée. L'expression de ces émotions est basée sur les concepts fondamentaux appelés *Wabi* et *Sabi,* que l'on peut définir comme un goût pour la simplicité et la tranquilité élevées à un art aux formes épurées. C'est l'idée que rien ne se perd. Quelque chose de beau intellectuellement se retrouve dans un monde ancien (nostalgie) et mélancolique (sentiment et émotion). Ce concept se retrouve aussi dans l'architecture japonaise et dans les traditions de *cha-no-yu.*

2. Vie et Traditions Japonaises

Habitation

Les habitations modernes japonaises sont habituellement en bois et généralement à un ou deux étages. Dans les grandes villes, les gens vivent dans des immeubles en béton, ou dans des maisons de style mi-japonais, mi-occidental, serrées les unes contre les autres en longues rangées.

Le *"salaryman"* japonais vit aujourd'hui dans une maison d'une superficie habitable de 50 à 100 m^2, ce qui semble très petit aux occidentaux. On doit souligner qu'en raison d'une très forte concentration de la population dans les villes, le prix du terrain est souvent si élevé que l'on ne peut pas se permettre plus grand. Le Japonais moyen rêve en fait de devenir propriétaire. Ce désir de posséder sa maison est si grand qu'il n'hésite pas à acheter en banlieue, même si cela signifie de longues heures de trajet chaque jour entre la maison et le travail. Le prix moyen d'un appartement de 3 ou 4 pièces varie entre 20 et 50 millions de yens (80 − 200 mille dollars U.S.).

Tatami

Une description de la maison japonaise vue de l'extérieur vous est donnée aux pages 8 à 13 de ce livre. Nous allons voir maintenant ce que sont les nattes de *tatami.* Les pièces d'une maison japonaise se caractérisent en effet avant tout par ces nattes de *tatami* recouvrant le sol. On peut les décrire comme des tapis de sparterie en paille, mesurant 180 x 90 cm environ. Les dimensions d'une pièce correspondent au nombre de nattes utilisées pour recouvrir le sol (en général 4 et demi ou 6).

N'oubliez pas non plus qu'il est coutume au Japon d'enlever ses chaussures avant de pénétrer dans les pièces d'une maison.

Jūnishi (les douze signes du zodiaque oriental)

Un jour, il y a de cela très longtemps, Dieu annonça à tous les animaux de la création, qu'il voulait choisir douze d'entre eux pour leur confier une tâche spéciale. Cette tâche consistait pour chacun d'entre eux à protéger les humains pendant une année. Il leur dit encore de venir le voir le 12 janvier et qu'ils seraient choisis suivant leur ordre d'arrivée.

Les animaux attendirent le jour avec impatience. Le chat, toutefois, avait depuis quelque temps des problèmes de mémoire et oublia le jour exact. Il rencontra le rat en chemin et le lui demanda. Comme le rat voulait arriver le premier, il mentit et dit au chat que le jour était le 13 janvier.

Lorsque le rat rentra chez lui (il habitait dans les chevrons d'une grange), il vit la vache qui se préparait à partir. "Je suis si lente, dit-elle, que je dois partir ce soir. Je n'arriverai sinon jamais à temps".

Le rat, qui était très rusé, eut alors une idée. Il se cacha sur le dos de la vache parmi ses bagages. Ils voyagèrent toute la nuit avant d'arriver au palais de Dieu. La vache était très contente, pensant qu'elle était la première. C'est alors que le rat sauta devant elle, et la vache n'arriva qu'en seconde position.

Le lendemain, le chat arriva en courant au palais, sachant qu'il avait été trompé par le rat. Il fut malheureusement quand même exclu du groupe des douze animaux.

C'est à cause de cela que la mésentente règne depuis entre les chats et les rats et ce jusqu'à nos jours.

INDEX

Voici une liste alphabétique de tous les termes français et japonais, avec les caractères japonais pour ces derniers, utilisés dans ce livre.

A

Agent de police	121
Aïkidō 合気道	129
Andon 行燈	45
Anguilles grillées	150
Animaux fabuleux	104
Aoba あおば	172
Aragoto 荒事	69,70
Architecture	8
Armoiries	60
Art floral	34
Arts martiaux	126
Asagao-ichi 朝顔市	95
Ashizukai 足遣い	76
Auberge japonaise	160
Awaodori 阿波踊り	97
Aya-tori あやとり	131
Azuki 小豆	157

B

Baguettes	158
Bains publics	108
Bandai 番台	108
Banzai 万歳	110
Benten 弁天	101
Bentō 弁当	168
Bibelots	44
Bī-dama ビー玉	143
Bishamon 毘沙門	101
Biwa 琵琶	55
Bon 盆	96
Bonne aventure	106
Bon-odori 盆踊り	96
Bonsaï 盆栽	36
Bonshō 梵鐘	29
Bosatsu 菩薩	28
Bunjingi 文人木	37
Bunraku 文楽	75
Butsuzō 仏像	26,28
Buyō 舞踊	64

C

Calligraphie	42
Cérémonie du thé	30
Château de Himeji 姫路城	18
Château fort	17
Cha-no-yu 茶の湯	30
Chakaiseki 茶懐石	155
Chaniwa 茶庭	14,16
Chaussures	59
Chikamatsu Monzaemon 近松門左衛門	70
Chitosé-amé 千歳飴	88
Chiyogami 千代紙	62
Chōba 帳場	165
Chōchin 提灯	60,96
Chokkan 直幹	37
Chōzuya 手水舎	20
Chūgen 中元	89
Costume traditionnel	56
Couleurs	62
Couverts	158

D

184

Daihachi-guruma 大八車 . . . 46	Furoshiki 風呂敷 62
Daikoku 大黒 100	Fusuma 襖 11,162
Daimonjiyaki 大文字焼 . . . 97	Futon 布団 163
Daisen-in 大仙院 15	
Danchi 団地 9	**G**
Danse classique 64	Gasshō-zukuri 合掌造り . . . 8
Danse folklorique 96	Geta 下駄 59
Daruma だるま 95,102	Geta-uranai 下駄占い . . . 107
Daruma-ichi だるま市 . . . 95	Gion (Fête de) 祇園祭 92
Dashi 山車 91	Go (Igo) 碁 137
Demaé 出前 149	Goban 碁盤 137
Dohyō 土俵 122	Gogatsu ningyō 五月人形 . . 86
Dojō どじょう 151	Gojū-no-tō 五重塔 24, 27
Donburi 丼 148	Gorintō 五輪塔 27
Dōsojin 道祖神 33	Gyōji 行司 125,125
Doyō-no-ushi-no-hi 土用の丑の日 . . . 150	**H**
E	Hagoita 羽子板 82,95
Ebisu 恵比須 100	Hagoita-ichi 羽子板市 . . . 95
Ecole Ohara 小原流 34	Haïku 俳句 65
Edomaé 江戸前 143	Hakama 袴 57,113
Eki-ben 駅弁 168	Hakamairi 墓参り 85
Ekisha 易者 106	Hako-zushi 箱ずし 144
Ema 絵馬 22	Hamaya 破魔矢 103
En-nichi 縁日 94	Hana-wa 花輪 63
Engimono 縁起物 102	Hanafuda 花札 133
Eshi 絵師 50	Hanami 花見 85
Etudiants 116	Hanamichi 花道 68,69
F	Hané-tsuki 羽根つき . . 82,131
Fêtes fixes 80	Haniwa 埴輪 52
Fêtes folkloriques 90	Hanko 判子 119,120
Fujimusumé 藤娘 64	Hannya 般若 73
Fukurokuju 福禄寿 100	Hanten 半てん 62,90
Fukuwarai 福笑い 82	Haori 羽織 57
Furisodé 振袖 56,114	Hassun 八寸 154
	Hatsumōdé 初詣 83

Hibachi 火鉢	163
Hidarizukai 左遣い	76
Higan 彼岸	85
Hikari ひかり	171
Hina-matsuri ひな祭	84
Hina-ningyō ひな人形	52,84
Hiragana 平仮名	139
Hiroshigé 広重	48
Hōgyō 方形	10
Hokusai 北斎	48
Hōmatsuyoku 泡沫浴	166
Honden 本殿	21
Hondō 本堂	26
Hommaru 本丸	17
Honzen 本膳	155
Horishi 彫師	50
Hotei 布袋	101
Hōzuki-ichi ほおずき市	95
Hyakunin-isshu 百人一首	82,133
Hyottoko ひょっとこ	23

I

Ichi 市	94
Ichikawa Danjūrō 市川団十郎	70
Igo 囲碁	137
Ikameshi いかめし	169
Ikebana 生け花	34
Ikenobō 池坊	34
Ikizukuri 生作り	142
Inrō 印籠	44
Insō 印相	29
Instruments de musique	54
Ippai nomiya 一杯飲み屋	93
Irimoya 入母屋	10
Iroha-garuta いろは歌留多	132

Ishidōrō 石燈籠	16
Ishiotoshi 石落し	19
Ishizuki 石付き	37
Isshōbin 一升びん	156
Izumo-no-Okuni 出雲の阿国	68

J

Jan-ken じゃんけん	115
Jansō 雀荘	135
Jardins	14
Jeux de cartes	132
Jeux d'enfants	130
Jinawabari 地縄張り	12
Jinja 神社	20
Jitsu-in 実印	120
Jizō 地蔵	33
Jōetsu Shinkansen 上越新幹線	172
Jōtō 上棟	12
Jour de fête folklorique	94
Jour de l'an	80
Joya-no-kané 除夜の鐘	29,89
Jūdō 柔道	126
Jūgan 銃眼	19
Jūgoya 十五夜	87
Jūhachiban 十八番	71
Jūni-shi 十二支	98
Jurōjin 寿老人	100

K

Kabayaki 蒲焼	150
Kabuki 歌舞伎	68
Kadomatsu 門松	81
Kagamibiraki 鏡開き	156
Kagamimochi 鏡餅	81
Kagura 神楽	23
Kaiseki-ryōri 会席料理	154

Kakei 筧	16
Kakejiku 掛軸	32, 162
Kakiwari 書割り	68, 69
Kamameshi 釜めし	169
Kamigata-mai 上方舞	64
Kaminari 雷	104
Kanji 漢字	138
Kanjō 勘定	143
Kannushi 神主	23
Kantō 竿灯	92
Kanzashi かんざし	47
Kappa 合羽	44
Kappa 河童	104
Karakasa 唐傘	45
Karakusa-moyō 唐草模様	62
Karaté 空手	127
Karesansui 枯山水	14, 15
Karuta 歌留多	82, 132
Kashiwadé 柏手	110
Kata 型	127
Katakana 片仮名	139
Katō-mado 火灯窓	25, 162
Katsudon かつ丼	148
Kawara 瓦	11
Kegyo 懸魚	25
Ken-dama 拳玉	130
Kendō 剣道	128
Kengai 懸崖	37
Kenzan 剣山	34
Keren けれん	71
Ki 気	129
Kimon 鬼門	98, 99
Kimono 着物	56
Kimosui きも吸	151
Kinsu きんす	26
Kiritsuma 切妻	10
Kiseru キセル	47
Kisshōten 吉祥天	100
Kitsuné 狐	105
Kitsuné udon きつねうどん	149
Kiyomizu 清水(焼)	39
Kōban 交番	121
Kodama こだま	172
Kōdan 講談	78
Kōdōkan 講道館	126
Kodomo-no-hi 子供の日	86
Koinobori 鯉のぼり	86
Kokeshi こけし	53
Kokugikan 国技館	122
Koma こま	82, 131
Komainu 狛犬	20
Komé 米	140
Komon 小紋	58
Konazanshō 粉山椒	151
Kotatsu こたつ	163
Koto 琴	54
Kumadé 熊手	95, 103
Kumité 組手	127
Kuroko 黒子	69, 76
Kurumaseirō 車栖楼	18
Kutani 九谷(焼)	38
Kyōgen 狂言	72, 74

L

Langue japonaise	138
Laques	40
Loches	150

M

Magé 髷	123
Mahjong	135
Maki-zushi 巻きずし	144

Makié 蒔絵 41	Mushiburo 蒸風呂. 167
Makunouchi-bentō 幕の内弁当 168	Myō-ō 明王 28
Maneki-neko 招き猫 102	
Manzai 漫才 79	**N**
Marché 94	Nakōdo 仲人 112
Mariage 112	Nageirebana 投入花 34
Mashiko 益子(焼) . . . 39,169	Namahagé なまはげ 91
Masu 枡 156	Narigoma 成駒 136
Masugata 枡形 17	Nawa-noren 縄のれん . . . 93
Matsuo Bashō 松尾芭蕉 . . 65	Nayashi なやし 40
Mawari-butai 廻り舞台 . 68,69	Nebuta (fête du) ねぶた祭 . 92
Mawashi まわし 123	Neta ねた 144
Meishi 名刺 119	Netsuké 根付 44,45
Menko めんこ 130	Nigiri-zushi 握りずし . 143,144
Meotojawan 夫婦茶碗 . . . 159	Nijiri-guchi 躙口 32
Mié 見え 71	Nimaimé 二枚目 71
Miko 巫女 23	Ninja 忍者 19
Mikoshi 御輿 90	Ninsō-uranai 人相占い . 106,107
Mimiques 110	Noh 能 72
Miso 味噌 141	Noël 88
Misoshiru 味噌汁 141,154	Noren 暖簾 60,93
Mitome-in 認印 120	Nori 海苔 144,149,165
Mizuhiki 水引 89	Noshi のし 89
Mochi 餅 89	Nouilles 148
Mochitsuki 餅つき 89	Nyorai 如来 28
Mochizoné 持備 18	
Mokugyo 木魚 25	**O**
Momo-no-sekku 桃の節句 . . 84	Objets folkloriques 44
Momotarō 桃太郎 105	Ōiri-bukuro 大入袋 78
Mon 紋 60	Ō-zumō 大相撲 122
Montsuki 紋付き . 57,60,113	Obi 帯 56,58
Mori-soba もりそば 148	Obijimé 帯じめ 56,58
Moribana 盛花 34	Oden おでん 153
Motifs 62	Ohagi おはぎ 85
Mukaebi 迎え火 97	Ojigi 御辞儀 110
Mukōzuké 向う付け 154	Okamé おかめ 23

Oké 桶 45,46	Raden 螺鈿 41
Okunchi おくんち 92	Rakugo 落語 78,79
Okuribi 送り火 97	Rāmen ラーメン 149
Omamori 御守 22	Ramma 欄間 162
Omawari-san おまわりさん 121	Rengé-mon 蓮華紋 25
Omiai お見合い 112	Risshun 立春 84
Omikuji おみくじ 22	Riz 140
Omozukai 主遣い 76	Ro 炉 140
Oni 鬼 105	Robata-yaki 炉端焼 . . . 147
Onigawara 鬼瓦 11,25	Rokuro ろくろ 38
Onigiri おにぎり 140	Rōkyoku 浪曲 78
Onsen 温泉 166	Rotenburo 露天風呂 . . . 167
Ori-gami 折紙 131	Rotenshō 露天商 95
Osechi-ryōri お節料理 . . 83	Ryōanji 竜安寺 15
Oshiiré 押入れ 13,163	Ryokan 旅館 160
Oshiki 折敷 155	Ryū 龍 104
Ōshima-tsumugi 大島紬 . . 58	
Oshinko お新香 145	**S**
Oté-dama お手玉 131	
Otoshidama お年玉 83	Saisen-bako 賽銭箱 22
Oyama おやま 69	Saké 酒 156
	Sakura 桜 85
P	Sakuramochi 桜餅 157
	Salaryman サラリーマン . 118
Pachinko パチンコ 134	Salutations 110
Panneaux indicateurs . . 173	**Samuraï** 侍 52,128
Pâtisseries 157	San-san-kudo 三三九度 . . 113
Poste de police 121	Sando-gasa 三度笠 44
Poteries 38	Sangi 算木 106
Poupées 52	Sanyō Shinkansen 山陽新幹線 171
Poupées Gosho 御所人形 . . 53	Sashimi 刺身 142,154
Poupées Hakata 博多人形 . . 53	Satori 悟り 67
Poupées Kyo 京人形 . . . 53	Sauce de Soja 141
Poupées Saga 嵯峨人形 . . 53	Seibo 歳暮 89
Poupées **Samuraï** 武者人形 . . 52	Sekimori-ishi 関守石 16
Pourboire 165	**Sailor-fuku** セーラー服 . . 116
	Sen-no-Rikyū 千利休 . . 30,34
R	

Sensu 扇子	47,74,79	Soba そば	89,148
Sentō 銭湯	108	Sobayu そば湯	148
Seri せり	68	Stations thermales	166
Seto 瀬戸(焼)	39	Suiboku-ga 水墨画	42,43
Setsubun 節分	84	Sukiyaki すき焼	146
Setta 雪駄	59,90	Sumi 墨	42
Shabu-shabu しゃぶしゃぶ	146	Sumitsubo 墨つぼ	46
Shachihoko しゃちほこ	18	Sumiyagura 隅櫓	17
Shakuhachi 尺八	55	Sumō 相撲	122
Shamisen 三味線	54,69	Surishi 摺師	51
Sharaku 写楽	48	Sushi 寿司	143
Shibaraku 暫	70	Suzuri 硯	42
Shichi-go-san 七五三	88		
Shichifuku-jin 七福神	100	**T**	
Shigaraki 信楽(焼)	39		
Shiko 四股	123	Tabi 足袋	56
Shimekazari しめ飾り	81	Tachimawari 立回り	71
Shimenawa しめ縄	81	Taiko 太鼓	55,96
Shinai 竹刀	128	Takarabuné 宝船	101,103
Shinden 神殿	21	Tako-agé 凧あげ	82
Shinden-zukuri 寝殿造り	9	Takuhatsu 托鉢	67
Shinkansen 新幹線	170	Talismans	102
Shintō 神道	20	Tamagoyaki 玉子焼	144,168
Shioiré 塩入れ	122	Tanabata 七夕	87,92
Shishimai 獅子舞	83	Tango-no-sekku 端午の節句	86
Shité シテ	73	Tanka 短歌	65
Shitennōji 四天王寺	24	Tansu たんす	45
Sho 書	42	Tanzaku 短冊	87
Shō 笙	55	Tataki たたき	142
Shō-chiku-bai 松竹梅	63,143	Tatami 畳	11,161
Shōgatsu 正月	81	Teaiwari 手合割	137
Shōgi 将棋	136	Tejimé 手じめ	111
Shoin-zukuri 書院造り	9,162	Tempura 天ぷら	145
Shōji 障子	162	Tengu 天狗	105
Shūgi-bukuro 祝儀袋	114	Tenshu 天守	17,18
Shunkei 春慶	41	Tenugui 手拭い	62,79,97

Te-sō-uranai 手相占い	106,107
Temples bouddhiques	24
Temples Shinto	20
Théâtre de variétés	78
Tobi 鳶	90
Tobi-ishi 飛石	16
Tōdaiji 東大寺	24
Tōfu 豆腐	141,146
Tōhoku Shinkansen 東北新幹線	172
Toilettes	164
Tokaidō line 東海道線	170
Tokkuri 徳利	156
Tokonoma 床の間	32,162
Tomoé-mon 巴紋	25
Tori-no-ichi 酉の市	95
Torii 鳥居	20
Toshi-otoko 年男	99
Toshikoshi-soba 年越そば	89
Tōshōgū 東照宮	20
Tsukimi 月見	87
Tsukiyama 築山	14
Tsukubai 蹲踞	16
Tsuma つま	142
Tsuno-kakushi 角かくし	113
Tsuru 鶴	61,63
Tsuzumi 鼓	55

U

Uchidé-no-kozuchi 打手の小槌	102
Uchikaké 打掛	113
Uchiwa 団扇	47,96
Udon うどん	149
Ukiyo-é 浮世絵	48
Unajū うな重	150
Urushi 漆	40

Uso 鷽	102
Utamaro 歌麿	48

W

Wabi わび	30
Wagashi 和菓子	157
Wajima 輪島(塗)	41
Waki ワキ	73
Waribashi 割箸	158
Wasabi わさび	142,144
Waza 技	126

Y

Yagura 櫓	96
Yakimono 焼きもの	38
Yakitori 焼き鳥	152
Yakumi 薬味	145,149
Yamabiko やまびこ	172
Yanagawa-nabé 柳川鍋	151
Yatai 屋台	153
Yokobué 横笛	55
Yokozuna 横綱	124,125
Yosé 寄席	78
Yosemuné 寄棟	10
Yuinō 結納	112
Yukata 浴衣	57,96,164
Yumitori 弓取(式)	124
Yūzen 友禅	58

Z

Zabuton 座布団	161
Zazen 座禅	66
Zen 禅	66
Zenshū 禅宗	24,66
Zōri 草履	59

仏文 **日本絵とき事典 11**

ILLUSTRE
REGARD SUR LE JAPON

初版発行	1985年10月20日
改訂7版	1994年2月10日
	(10 Février, 1994, 7e édition)
編 集 人	神部隆志
発 行 人	岩田光正
発 行 所	JTB日本交通公社出版事業局
	〒150 東京都渋谷区道玄坂1-10-8 渋谷野村ビル7階
印 刷 所	交通印刷株式会社

●スタッフ

企画・編集	JTB出版事業局　編集二部
	外語図書編集　担当編集長　黒澤明夫
	編集部直通　☎03-3477-9566
取材・編集協力	株式会社アーバン・トランスレーション
イラスト	松下正己
表紙デザイン	東　芳純
翻　　訳	Anne Vincent

●図書のご注文は
JTB出版販売センター
〒150 東京都渋谷区道玄坂1-10-8 渋谷野村ビル7階 ☎03-3477-9588
●広告のお問合せは
JTB出版事業局広告部 ☎03-3477-9531

禁無断転載・複製© JTB 1994 Imprimé au Japon

934291 713011

ISBN4-533-00530-6